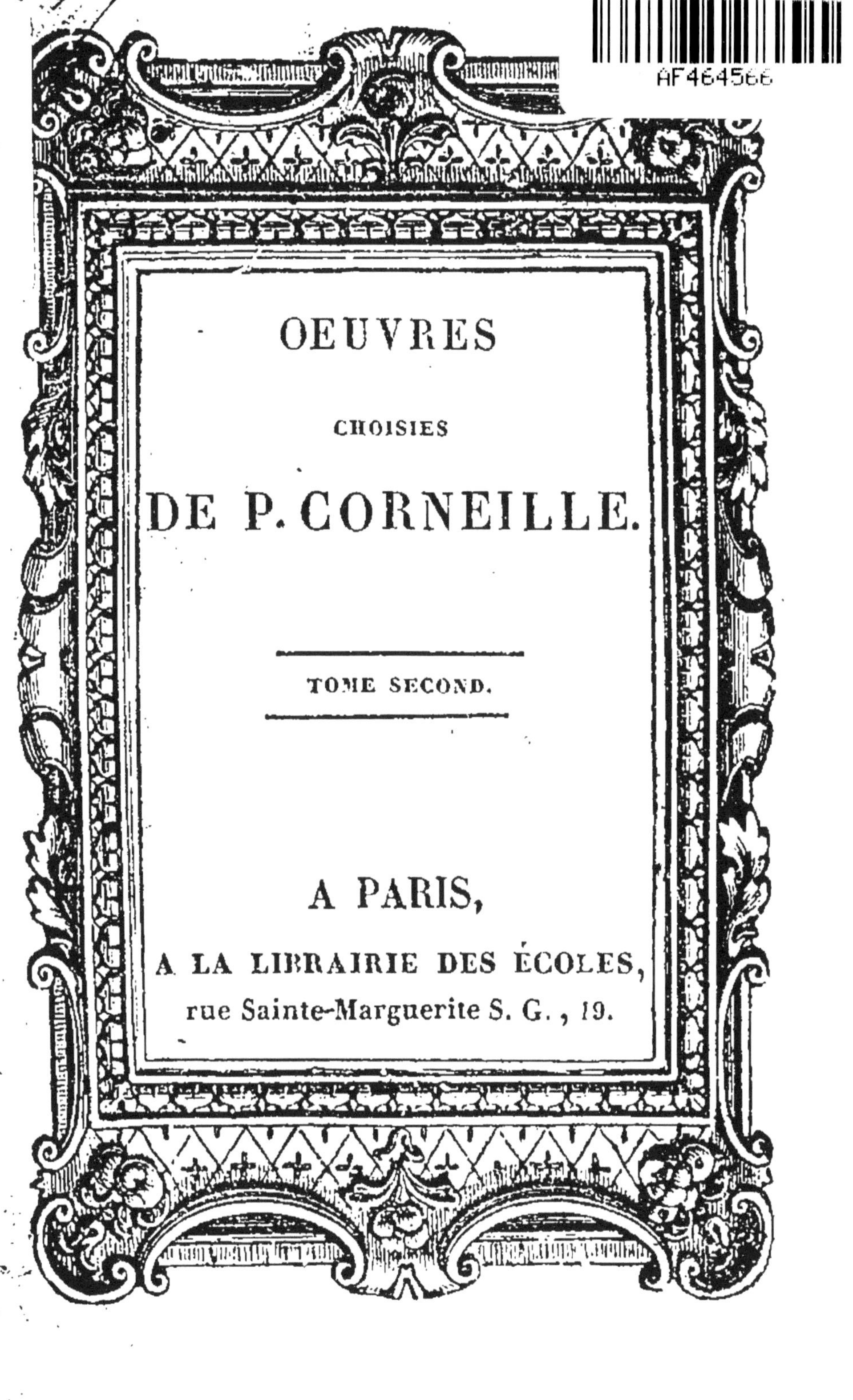

OEUVRES

CHOISIES

DE P. CORNEILLE.

TOME SECOND.

A PARIS,

A LA LIBRAIRIE DES ÉCOLES,

rue Sainte-Marguerite S. G., 19.

Si l'air est sec et fort agité, il emporte la vapeur, à mesure qu'elle se forme, sans qu'il y ait une condensation sensible, et alors il ne se forme pas de brouillard; mais quand l'air est calme et déjà humide, la vapeur se condense presque en totalité : c'est ce qui arrive auprès des sources, en hiver.

Il peut encore se former des brouillards lorsque l'air, saturé d'humidité, est plus chaud que la surface de l'eau; alors il est refroidi par le contact de l'air froid, qui est au-dessus de l'eau; il ne peut plus contenir une aussi grande quantité de vapeur : une partie de celle-ci doit donc se condenser et former un brouillard. C'est ce

CHEFS-D'ŒUVRE

DE

P. CORNEILLE.

TOME II.

PARIS, IMPRIMERIE DE POUSSIELGUE,
rue du Croissant-Montmartre, 12.

CHEFS-D'ŒUVRE

DE

P. CORNEILLE.

TOME SECOND.

A PARIS,

CHEZ LES ÉDITEURS,

RUE DES GRANDS-AUGUSTINS, 18.

1836.

POLYEUCTE,

MARTYR,

TRAGÉDIE CHRÉTIENNE.

(1640.)

PERSONNAGES.

FÉLIX, sénateur romain, gouverneur d'Arménie,
POLYEUCTE, seigneur arménien, gendre de Félix.
SÉVÈRE, chevalier romain, favori de l'empereur Décie.
NÉARQUE, seigneur arménien, ami de Polyeucte.
PAULINE, fille de Félix et femme de Polyeucte.
STRATONICE, confidente de Pauline.
ALBIN, confident de Félix.
FABIAN, domestique de Sévère.
CLÉON, domestique de Félix.
TROIS GARDES.

La scène est à Mélitène, capitale d'Arménie, dans le palais de Félix.

POLYEUCTE.

ACTE PREMIER.

SCÈNE I.

POLYEUCTE, NÉARQUE.

NÉARQUE.

Quoi ! vous vous arrêtez aux songes d'une femme !
De si foibles sujets troublent cette grande ame !
Et ce cœur tant de fois dans la guerre éprouvé
S'alarme d'un péril qu'une femme a rêvé !

POLYEUCTE.

Je sais ce qu'est un songe et le peu de croyance
Qu'un homme doit donner à son extravagance,
Qui d'un amas confus des vapeurs de la nuit
Forme de vains projets que le réveil détruit.
Mais vous ne savez pas ce que c'est qu'une femme ;
Vous ignorez quels droits elle a sur toute l'ame
Quand après un long temps qu'elle a su nous charmer
Les flambeaux de l'hymen viennent de s'allumer.
Pauline, sans raison dans la douleur plongée,
Craint et croit déjà voir ma mort qu'elle a songée;
Elle oppose ses pleurs au dessein que je fais,
Et tâche à m'empêcher de sortir du palais.
Je méprise sa crainte, et je cède à ses larmes;
Elle me fait pitié sans me donner d'alarmes,
Et mon cœur, attendri sans être intimidé,
N'ose déplaire aux yeux dont il est possédé.
L'occasion, Néarque, est-elle si pressante

Qu'il faille être insensible aux soupirs d'une amante?
Remettons ce dessein qui l'accable d'ennui ;
Nous le pourrons demain aussi bien qu'aujourd'hui.

NÉARQUE.

Avez-vous cependant une pleine assurance
D'avoir assez de vie ou de persévérance?
Et Dieu, qui tient votre ame et vos jours en sa main,
Promet-il à vos vœux de le pouvoir demain?
Il est toujours tout juste et tout bon; mais sa grâce
Ne descend pas toujours avec même efficace:
Après certains momens que perdent nos longueurs
Elle quitte ces traits qui pénètrent les cœurs;
Le nôtre s'endurcit, la repousse, l'égare ;
Le bras qui la versoit en devient plus avare ;
Et cette sainte ardeur qui doit porter au bien
Tombe plus rarement, ou n'opère plus rien.
Celle qui vous pressoit de courir au baptême,
Languissante déjà, cesse d'être la même ;
Et, pour quelques soupirs qu'on vous a fait ouïr,
Sa flamme se dissipe et va s'évanouir.

POLYEUCTE.

Vous me connoissez mal: la même ardeur me brûle,
Et le désir s'accroît quand l'effet se recule.
Ces pleurs que je regarde avec un œil d'époux
Me laissent dans le cœur aussi chrétien que vous ;
Mais pour en recevoir le sacré caractère,
Qui lave nos forfaits dans une eau salutaire,
Et qui, purgeant notre ame et dessillant nos yeux,
Nous rend le premier droit que nous avions aux cieux,
Bien que je le préfère aux grandeurs d'un empire,
Comme le bien suprême et le seul où j'aspire,
Je crois, pour satisfaire un juste et saint amour,
Pouvoir un peu remettre et différer d'un jour.

NÉARQUE.

Ainsi du genre humain l'ennemi vous abuse;

Ce qu'il ne peut de force, il l'entreprend de ruse.
Jaloux des bons desseins qu'il tâche d'ébranler,
Quand il ne les peut rompre il pousse à reculer:
D'obstacle sur obstacle il va troubler le vôtre,
Aujourd'hui par des pleurs, chaque jour par quelque [autre,]
Et ce songe rempli de noires visions
N'est que le coup d'essai de ses illusions.
Il met tout en usage, et prière et menace;
Il attaque toujours, et jamais ne se lasse;
Il croit pouvoir enfin ce qu'encore il n'a pu,
Et que ce qu'on diffère est à demi rompu.
Rompez ces premiers coups, laissez pleurer Pauline;
Dieu ne veut point d'un cœur où le monde domine,
Qui regarde en arrière, et, douteux en son choix,
Lorsque sa voix l'appelle écoute une autre voix.

POLYEUCTE.

Pour se donner à lui faut-il n'aimer personne?

NÉARQUE.

Nous pouvons tout aimer, il le souffre, il l'ordonne;
Mais, à vous dire tout, ce Seigneur des seigneurs
Veut le premier amour et les premiers honneurs.
Comme rien n'est égal à sa grandeur suprême,
Il faut ne rien aimer qu'après lui, qu'en lui-même;
Négliger pour lui plaire et femme et biens et rang,
Exposer pour sa gloire et verser tout son sang.
Mais que vous êtes loin de cette ardeur parfaite
Qui vous est nécessaire et que je vous souhaite!
Je ne puis vous parler que les larmes aux yeux.
Polyeucte, aujourd'hui qu'on nous hait en tous lieux,
Qu'on croit servir l'état quand on nous persécute,
Qu'aux plus âpres tourmens un chrétien est en butte;
Comment en pourrez-vous surmonter les douleurs
Si vous ne pouvez pas résister à des pleurs?

POLYEUCTE.

Vous ne m'étonnez point; la pitié qui me blesse
Sied bien aux plus grands cœurs, et n'a point de foiblesse.
Sur mes pareils, Néarque, un bel œil est bien fort;
Tel craint de le fâcher qui ne craint pas la mort:
Et s'il faut affronter les plus cruels supplices,
Y trouver des appas, en faire mes délices,
Votre Dieu, que je n'ose encor nommer le mien,
M'en donnera la force en me faisant chrétien.

NÉARQUE.

Hâtez-vous donc de l'être.

POLYEUCTE.

Oui, j'y cours, cher Néarque;
Je brûle d'en porter la glorieuse marque:
Mais Pauline s'afflige, et ne peut consentir,
Tant ce songe la trouble, à me laisser sortir.

NÉARQUE.

Votre retour pour elle en aura plus de charmes:
Dans une heure au plus tard vous essuierez ses larmes;
Et l'heur de vous revoir lui semblera plus doux,
Plus elle aura pleuré pour un si cher époux.
Allons, on nous attend.

POLYEUCTE.

Apaisez donc sa crainte,
Et calmez la douleur dont son ame est atteinte.
Elle revient.

NÉARQUE.

Fuyez.

POLYEUCTE.

Je ne puis.

NÉARQUE.

Il le faut.
Fuyez un ennemi qui sait votre défaut,
Qui le trouve aisément, qui blesse par la vue,

Et dont le coup mortel vous plaît quand il vous tue.

POLYEUCTE.

Fuyons, puisqu'il le faut.

SCÈNE II.

POLYEUCTE, NÉARQUE, PAULINE, STRATONICE.

POLYEUCTE.

Adieu, Pauline, adieu ;
Dans une heure au plus tard je reviens en ce lieu.

PAULINE.

Quel sujet si pressant à sortir vous convie ?
Y va-t-il de l'honneur ? y va-t-il de la vie ?

POLYEUCTE.

Il y va de bien plus.

PAULINE.

Quel est donc ce secret ?

POLYEUCTE.

Vous le saurez un jour. Je vous quitte à regret,
Mais enfin il le faut.

PAULINE.

Vous m'aimez ?

POLYEUCTE.

Je vous aime,
Le ciel m'en soit témoin, cent fois plus que moi-même ;
Mais...

PAULINE.

Mais mon déplaisir ne vous peut émouvoir !
Vous avez des secrets que je ne puis savoir !
Quelle preuve d'amour ! Au nom de l'hyménée,
Donnez à mes soupirs cette seule journée.

POLYEUCTE.

Un songe vous fait peur.

PAULINE.

Ses présages sont vains,
Je le sais; mais enfin je vous aime, et je crains.

POLYEUCTE.

Ne craignez rien de mal pour une heure d'absence.
Adieu: vos pleurs sur moi prennent trop de puissance;
Je sens déjà mon cœur prêt à se révolter,
Et ce n'est qu'en fuyant que j'y puis résister.

SCÈNE III.

PAULINE, STRATONICE.

PAULINE.

Va, néglige mes pleurs, cours, et te précipite
Au devant de la mort que les dieux m'ont prédite;
Suis cet agent fatal de tes mauvais destins,
Qui peut-être te livre aux mains des assassins.
Tu vois, ma Stratonice, en quel siècle nous sommes:
Voilà notre pouvoir sur les esprits des hommes,
Voilà ce qui nous reste, et l'ordinaire effet
De l'amour qu'on nous offre et des vœux qu'on nous fait.
Tant qu'ils ne sont qu'amans nous sommes souveraines,
Et jusqu'à la conquête ils nous traitent de reines;
Mais après l'hyménée ils sont rois à leur tour.

STRATONICE.

Polyeucte pour vous ne manque point d'amour.
S'il ne vous traite ici d'entière confidence,
S'il part malgré vos pleurs, c'est un trait de prudence.
Sans vous en affliger, présumez avec moi
Qu'il est plus à propos qu'il vous cèle pourquoi;
Assurez-vous sur lui qu'il en a juste cause.

Il est bon qu'un mari nous cache quelque chose,
Qu'il soit quelquefois libre, et ne s'abaisse pas
A nous rendre toujours compte de tous ses pas.
On n'a tous deux qu'un cœur qui sent mêmes traverses,
Mais ce cœur a pourtant ses fonctions diverses,
Et la loi de l'hymen qui vous tient assemblés
N'ordonne pas qu'il tremble alors que vous tremblez.
Ce qui fait vos frayeurs ne peut le mettre en peine;
Il est Arménien, et vous êtes Romaine;
Et vous pouvez savoir que nos deux nations
N'ont pas sur ce sujet mêmes impressions.
Un songe en notre esprit passe pour ridicule;
Il ne nous laisse espoir, ni crainte, ni scrupule;
Mais il passe dans Rome avec autorité
Pour fidèle miroir de la fatalité.

PAULINE.

Quelque peu de crédit que chez vous il obtienne,
Je crois que ta frayeur égaleroit la mienne
Si de telles horreurs t'avoient frappé l'esprit,
Si je t'en avois fait seulement le récit.

STRATONICE.

A raconter ses maux souvent on les soulage.

PAULINE.

Ecoute: mais il faut te dire davantage,
Et que, pour mieux comprendre un si triste discours,
Tu saches ma foiblesse et mes autres amours.
Une femme d'honneur peut avouer sans honte
Ces surprises des sens que la raison surmonte:
Ce n'est qu'en ces assauts qu'éclate la vertu,
Et l'on doute d'un cœur qui n'a point combattu.
Dans Rome, où je naquis, ce malheureux visage
D'un chevalier romain captiva le courage;
Il s'appeloit Sévère. Excuse les soupirs
Qu'arrache encore un nom trop cher à mes désirs.

STRATONICE.

Est-ce lui qui naguère, aux dépens de sa vie,
Sauva des ennemis votre empereur Décie,
Qui leur tira mourant la victoire des mains,
Et fit tourner le sort des Perses aux Romains;
Lui qu'entre tant de morts immolés à son maître
On ne put rencontrer, ou du moins reconnoître;
A qui Décie enfin pour des exploits si beaux
Fit si pompeusement dresser de vains tombeaux?

PAULINE.

Hélas! c'étoit lui-même; et jamais notre Rome
N'a produit plus grand cœur ni vu plus honnête homme.
Puisque tu le connois, je ne t'en dirai rien;
Je l'aimai, Stratonice; il le méritoit bien.
Mais que sert le mérite où manque la fortune?
L'un étoit grand en lui, l'autre foible et commune:
Trop invincible obstacle, et dont trop rarement
Triomphe auprès d'un père un vertueux amant.

STRATONICE.

La digne occasion d'une rare constance!

PAULINE.

Dis plutôt d'une indigne et folle résistance.
Quelque fruit qu'une fille en puisse recueillir,
Ce n'est une vertu que pour qui veut faillir.
Parmi ce grand amour que j'avois pour Sévère
J'attendois un époux de la main de mon père,
Toujours prête à le prendre; et jamais ma raison
N'avoua de mes yeux l'aimable trahison.
Il possédoit mon cœur, mes désirs, ma pensée;
Je ne lui cachois point combien j'étois blessée;
Nous soupirions ensemble et pleurions nos malheurs:
Mais au lieu d'espérance il n'avoit que des pleurs;
Et malgré des soupirs si doux, si favorables,
Mon père et mon devoir étoient inexorables.
Enfin je quittai Rome et ce parfait amant

Pour suivre ici mon père en son gouvernement;
Et lui désespéré s'en alla dans l'armée
Chercher d'un beau trépas l'illustre renommée.
Le reste, tu le sais. Mon abord en ces lieux
Me fit voir Polyeucte, et je plus à ses yeux:
Et comme il est ici le chef de la noblesse,
Mon père fut ravi qu'il me prît pour maîtresse;
Et par son alliance il se crut assuré
D'être plus redoutable et plus considéré;
Il approuva sa flamme, et conclut l'hyménée.
Et moi, comme à son lit je me vis destinée,
Je donnai par devoir à son affection
Tout ce que l'autre avoit par inclination.
Si tu peux en douter, juge-le par la crainte
Dont en ce triste jour tu me vois l'ame atteinte.

STRATONICE.

Elle fait assez voir à quel point vous l'aimez.
Mais quel songe après tout tient vos sens alarmés?

PAULINE.

Je l'ai vu cette nuit, ce malheureux Sévère,
La vengeance à la main, l'œil ardent de colère.
Il n'étoit point couvert de ces tristes lambeaux
Qu'une ombre désolée emporte des tombeaux;
Il n'étoit point percé de ces coups pleins de gloire
Qui retranchant sa vie assurent sa mémoire;
Il sembloit triomphant, et tel que sur son char
Victorieux dans Rome entre notre César.
Après un peu d'effroi que m'a donné sa vue,
« Porte à qui tu voudras la faveur qui m'est due,
Ingrate, m'a-t-il dit; et, ce jour expiré,
Pleure à loisir l'époux que tu m'as préféré.»
A ces mots j'ai frémi, mon ame s'est troublée.
Ensuite des chrétiens une impie assemblée,
Pour avancer l'effet de ce discours fatal,

A jeté Polyeucte aux pieds de son rival.
Soudain à son secours j'ai réclamé mon père.
Hélas! c'est de tous points ce qui me désespère!
J'ai vu mon père même, un poignard à la main,
Entrer le bras levé pour lui percer le sein.
Là ma douleur trop forte a brouillé ces images;
Le sang de Polyeucte a satisfait leurs rages.
Je ne sais ni comment ni quand ils l'ont tué,
Mais je sais qu'à sa mort tous ont contribué.
Voilà quel est mon songe.

STRATONICE.

Il est vrai qu'il est triste;
Mais il faut que votre ame à ces frayeurs résiste.
La vision, de soi, peut faire quelque horreur,
Mais non pas vous donner une juste terreur.
Pouvez-vous craindre un mort? pouvez-vous craindre [un père]
Qui chérit votre époux, que votre époux révère,
Et dont le juste choix vous a donnée à lui
Pour s'en faire en ces lieux un ferme et sûr appui!

PAULINE.

Il m'en a dit autant, et rit de mes alarmes:
Mais je crains des chrétiens les complots et les charmes,
Et que sur mon époux leur troupeau ramassé
Ne venge tant de sang que mon père a versé.

STRATONICE.

Leur secte est insensée, impie et sacrilége,
Et dans son sacrifice use de sortilége;
Mais sa fureur ne va qu'à briser nos autels;
Elle n'en veut qu'aux dieux, et non pas aux mortels.
Quelque sévérité que sur eux on déploie,
Ils souffrent sans murmure, et meurent avec joie;
Et, depuis qu'on les traite en criminels d'état,
On ne peut les charger d'aucun assassinat.

PAULINE.

Tais-toi; mon père vient.

SCÈNE IV.

FÉLIX, ALBIN, PAULINE, STRATONICE.

FÉLIX.

Ma fille, que ton songe
En d'étranges frayeurs ainsi que toi me plonge!
Que j'en crains les effets, qui semblent s'approcher!

PAULINE.

Quelle subite alarme ainsi vous peut toucher?

FÉLIX.

Sévère n'est point mort.

PAULINE.

Quel mal nous fait sa vie?

FÉLIX.

Il est le favori de l'empereur Décie.

PAULINE.

Après l'avoir sauvé des mains des ennemis,
L'espoir d'un si haut rang lui devenoit permis.
Le destin aux grands cœurs si souvent mal propice
Se résout quelquefois à leur faire justice.

FÉLIX.

Il vient ici lui-même.

PAULINE.

Il vient!

FÉLIX.

Tu le vas voir.

PAULINE.

C'en est trop; mais comment le pouvez-vous savoir?

FÉLIX.

Albin l'a rencontré dans la proche campagne.
Un gros de courtisans en foule l'accompagne,
Et montre assez quel est son rang et son crédit.
Mais, Albin, redis-lui ce que ses gens t'ont dit.

ALBIN.

Vous savez quelle fut cette grande journée
Que sa perte pour nous rendit si fortunée,
Où l'empereur captif, par sa main dégagé,
Rassura son parti déjà découragé,
Tandis que sa vertu succomba sous le nombre.
Vous savez les honneurs qu'on fit faire à son ombre
Après qu'entre les morts on ne le put trouver:
Le roi de Perse aussi l'avoit fait enlever.
Témoin de ses hauts faits et de son grand courage,
Ce monarque en voulut connoître le visage;
On le mit dans sa tente, où, tout percé de coups,
Tout mort qu'il paroissoit, il fit mille jaloux.
Là bientôt il montra quelque signe de vie:
Ce prince généreux en eut l'ame ravie;
Et sa joie, en dépit de son dernier malheur,
Du bras qui le causoit honora la valeur.
Il en fit prendre soin, la cure en fut secrète;
Et comme au bout d'un mois sa santé fut parfaite,
Il offrit dignités, alliance, trésors,
Et pour gagner Sévère il fit cent vains efforts.
Après avoir comblé ses refus de louange,
Il envoie à Décie en proposer l'échange;
Et soudain l'empereur, transporté de plaisir,
Offre au Perse son frère et cent chefs à choisir.
Ainsi revint au camp le valeureux Sévère
De sa haute vertu recevoir le salaire:
La faveur de Décie en fut le digne prix.
De nouveau l'on combat, et nous sommes surpris:
Ce malheur toutefois sert à croître sa gloire;

Lui seul rétablit l'ordre, et gagne la victoire,
Mais si belle et si pleine, et par tant de beaux faits
Qu'on nous offre tribut, et nous faisons la paix.
L'empereur, qui lui montre une amour infinie,
Après ce grand succès l'envoie en Arménie.
Il vient en apporter la nouvelle en ces lieux,
Et par un sacrifice en rendre hommage aux dieux.

FÉLIX.

O ciel! en quel état ma fortune est réduite!

ALBIN.

Voilà ce que j'ai su d'un homme de sa suite;
Et j'ai couru, seigneur, pour vous y disposer.

FÉLIX.

Ah ! sans doute, ma fille, il vient pour t'épouser.
L'ordre d'un sacrifice est pour lui peu de chose;
C'est un prétexte faux dont l'amour est la cause.

PAULINE.

Cela pourroit bien être: il m'aimoit chèrement.

FÉLIX.

Que ne permettra-t-il à son ressentiment!
Et jusques à quel point ne porte sa vengeance
Une juste colère avec tant de puissance!
Il nous perdra, ma fille!

PAULINE.

Il est trop généreux.

FÉLIX.

Tu veux flatter en vain un père malheureux;
Il nous perdra, ma fille. Ah! regret qui me tue
De n'avoir pas aimé la vertu toute nue!
Ah! Pauline, en effet tu m'as trop obéi.
Ton courage étoit bon, ton devoir l'a trahi.
Que ta rebellion m'eût été favorable!
Qu'elle m'eût garanti d'un état déplorable!
Si quelque espoir me reste, il n'est plus aujourd'hui

Qu'en l'absolu pouvoir qu'il te donnoit sur lui.
Ménage en ma faveur l'amour qui le possède,
Et d'où provient mon mal fais sortir le remède.

PAULINE.

Moi! moi, que je revoie un si puissant vainqueur,
Et m'expose à des yeux qui me percent le cœur!
Mon père, je suis femme, et je sais ma foiblesse;
Je sens déjà mon cœur qui pour lui s'intéresse,
Et poussera sans doute, en dépit de ma foi,
Quelque soupir indigne et de vous et de moi.
Je ne le verrai point.

FÉLIX.

Rassure un peu ton ame.

PAULINE.

Il est toujours aimable, et je suis toujours femme.
Dans le pouvoir sur moi que ses regards ont eu,
Je n'ose m'assurer de toute ma vertu;
Je ne le verrai point.

FÉLIX.

Il faut le voir, ma fille,
Ou tu trahis ton père et toute ta famille.

PAULINE.

C'est à moi d'obéir, puisque vous commandez:
Mais voyez les périls où vous me hasardez.

FÉLIX.

Ta vertu m'est connue.

PAULINE.

Elle vaincra, sans doute:
Ce n'est pas le succès que mon ame redoute;
Je crains ce dur combat et ces troubles puissans
Que fait déjà chez moi la révolte des sens.
Mais, puisqu'il faut combattre un ennemi que j'aime,
Souffrez que je me puisse armer contre moi-même,
Et qu'un peu de loisir me prépare à le voir.

FÉLIX.

Jusqu'au devant des murs je vais le recevoir.
Rappelle cependant tes forces étonnées,
Et songe qu'en tes mains tu tiens nos destinées.

PAULINE.

Oui, je vais de nouveau dompter mes sentimens,
Pour servir de victime à vos commandemens.

ACTE SECOND.

SCÈNE I.

SÉVÈRE, FABIAN.

SÉVÈRE.

Cependant que Félix donne ordre au sacrifice,
Pourrai-je prendre un temps à mes vœux si propice ?
Pourrai-je voir Pauline, et rendre à ses beaux yeux
L'hommage souverain que l'on va rendre aux dieux?
Je ne t'ai point celé que c'est ce qui m'amène ;
Le reste est un prétexte à soulager ma peine :
Je viens sacrifier ; mais c'est à ses beautés
Que je viens immoler toutes mes volontés.

FABIAN.

Vous la verrez, seigneur.

SÉVÈRE.

Ah ! quel comble de joie!
Cette chère beauté consent que je la voie !
Mais ai-je sur son ame encor quelque pouvoir ?
Quelque reste d'amour s'y fait-il encor voir ?
Quel trouble, quel transport lui cause ma venue ?
Puis-je tout espérer de cette heureuse vue ?
Car je voudrois mourir plutôt que d'abuser
Des lettres de faveur que j'ai pour l'épouser ;
Elles sont pour Félix, non pour triompher d'elle :
Jamais à ses désirs mon cœur ne fut rebelle ;
Et si mon mauvais sort avoit changé le sien,
Je me vaincrois moi-même et ne prétendrois rien.

FABIAN.

Vous la verrez, c'est tout ce que je vous puis dire.

SÉVÈRE.

D'où vient que tu frémis, et que ton cœur soupire?
Ne m'aime-t-elle plus? éclaircis-moi ce point.

FABIAN.

M'en croirez-vous, seigneur? Ne la revoyez point;
Portez en lieu plus haut l'honneur de vos caresses.
Vous trouverez à Rome assez d'autres maîtresses;
Et, dans ce haut degré de puissance et d'honneur,
Les plus grands y tiendront votre amour à bonheur.

SÉVÈRE.

Qu'à des pensers si bas mon âme se ravale!
Que je tienne Pauline à mon sort inégale!
Elle en a mieux usé, je la dois imiter:
Je n'aime mon bonheur que pour la mériter.
Voyons-la, Fabian; ton discours m'importune:
Allons mettre à ses pieds cette haute fortune;
Je l'ai dans les combats trouvée heureusement
En cherchant une mort digne de son amant.
Ainsi ce rang est sien, cette faveur est sienne,
Et je n'ai rien enfin que d'elle je ne tienne.

FABIAN.

Non; mais encore un coup ne la revoyez point.

SÉVÈRE.

Ah! c'en est trop: enfin éclaircis-moi ce point:
As-tu vu des froideurs quand tu l'en as priée?

FABIAN.

Je tremble à vous le dire; elle est....

SÉVÈRE.

Quoi?

FABIAN.

Mariée.

SÉVÈRE.

Soutiens-moi, Fabian; ce coup de foudre est grand,

Et frappe d'autant plus que plus il me surprend.

FABIAN.

Seigneur, qu'est devenu ce généreux courage?

SÉVÈRE.

La constance est ici d'un difficile usage.
De pareils déplaisirs accablent un grand cœur;
La vertu la plus mâle en perd toute vigueur;
Et quand d'un feu si beau les ames sont éprises
La mort les trouble moins que de telles surprises.
Je ne suis plus à moi quand j'entends ce discours.
Pauline est mariée!

FABIAN.

Oui, depuis quinze jours.
Polyeucte, un seigneur des premiers d'Arménie,
Goûte de son hymen la douceur infinie.

SÉVÈRE.

Je ne la puis du moins blâmer d'un mauvais choix;
Polyeucte a du nom, et sort du sang des rois.
Foibles soulagemens d'un malheur sans remède!
Pauline, je verrai qu'un autre vous possède!
O ciel, qui malgré moi me renvoyez au jour;
O sort, qui redonniez l'espoir à mon amour;
Reprenez la faveur que vous m'avez prêtée,
Et rendez-moi la mort que vous m'avez ôtée!
Voyons-la toutefois, et dans ce triste lieu
Achevons de mourir en lui disant adieu.
Que mon cœur, chez les morts emportant son image,
De son dernier soupir puisse lui faire hommage.

FABIAN.

Seigneur, considérez....

SÉVÈRE.

Tout est considéré.
Quel désordre peut craindre un cœur désespéré?
N'y consent-elle pas?

FABIAN.

Oui, seigneur ; mais...

SÉVÈRE.

N'importe.

FABIAN.

Cette vive douleur en deviendra plus forte.

SÉVÈRE.

Et ce n'est pas un mal que je veuille guérir.
Je ne veux que la voir, soupirer et mourir.

FABIAN.

Vous vous échapperez sans doute en sa présence.
Un amant qui perd tout n'a plus de complaisance ;
Dans un tel entretien il suit sa passion,
Et ne pousse qu'injure et qu'imprécation.

SÉVÈRE.

Juge autrement de moi : mon respect dure encore ;
Tout violent qu'il est, mon désespoir l'adore.
Quels reproches aussi peuvent m'être permis ?
De quoi puis-je accuser qui ne m'a rien promis ?
Elle n'est point parjure, elle n'est point légère ;
Son devoir m'a trahi, mon malheur et son père ;
Mais son devoir fut juste, et son père eut raison ;
J'impute à mon malheur toute la trahison.
Un peu moins de fortune, et plus tôt arrivée,
Eût gagné l'un par l'autre, et me l'eût conservée :
Trop heureux, mais trop tard, je n'ai pu l'acquérir ;
Laisse-la-moi donc voir, soupirer et mourir.

FABIAN.

Oui, je vais l'assurer qu'en ce malheur extrême
Vous êtes assez fort pour vous vaincre vous-même.
Elle a craint comme moi ces premiers mouvemens
Qu'une perte imprévue arrache aux vrais amans,
Et dont la violence excite assez de trouble,
Sans que l'objet présent l'irrite et le redouble.

SÉVÈRE.

Fabian, je la vois !

FABIAN.

Seigneur, souvenez-vous....

SÉVÈRE.

Hélas ! elle aime un autre ! un autre est son époux !

SCÈNE II.

SÉVÈRE, PAULINE, STRATONICE, FABIAN.

PAULINE.

Oui, je l'aime, Sévère, et n'en fais point d'excuse.
Que tout autre que moi vous flatte et vous abuse ;
Pauline a l'ame noble, et parle à cœur ouvert.
Le bruit de votre mort n'est point ce qui vous perd.
Si le ciel en mon choix eût mis mon hyménée,
A vos seules vertus je me serois donnée ;
Et toute la rigueur de votre premier sort
Contre votre mérite eût fait un vain effort.
Je découvrois en vous d'assez illustres marques
Pour vous préférer même aux plus heureux monarques;
Mais puisque mon devoir m'imposoit d'autres lois,
De quelque amant pour moi que mon pére eût fait choix,
Quand à ce grand pouvoir que la valeur vous donne
Vous auriez ajouté l'éclat d'une couronne ;
Quand je vous aurois vu, quand je l'aurois haï,
J'en aurois soupiré, mais j'aurois obéi,
Et sur mes passions ma raison souveraine
Eût blâmé mes soupirs, et dissipé ma haine.

SÉVÈRE.

Que vous êtes heureuse ! et qu'un peu de soupirs
Fait un aisé remède à tous vos déplaisirs !

Ainsi, de vos désirs toujours reine absolue,
Les plus grands changemens vous trouvent résolue;
De la plus forte ardeur vous portez vos esprits
Jusqu'à l'indifférence et peut-être au mépris ;
Et votre fermeté fait succéder sans peine
La faveur au dédain, et l'amour à la haine.
Qu'un peu de votre humeur ou de votre vertu
Soulageroit les maux de ce cœur abattu !
Un soupir, une larme à regret épandue
M'auroit déjà guéri de vous avoir perdue.
Ma raison pourroit tout sur l'amour affoibli,
Et de l'indifférence iroit jusqu'à l'oubli,
Et, mon feu désormais se réglant sur le vôtre,
Je me tiendrois heureux entre les bras d'une autre.
O trop aimable objet qui m'avez trop charmé,
Est-ce là comme on aime ? et m'avez-vous aimé ?

PAULINE.

Je vous l'ai trop fait voir, seigneur, et si mon ame
Pouvoit bien étouffer les restes de sa flamme,
Dieux ! que j'éviterois de rigoureux tourmens !
Ma raison, il est vrai, dompte mes sentimens ;
Mais, quelque autorité que sur eux elle ait prise,
Elle n'y régne pas, elle les tyrannise ;
Et quoique le dehors soit sans émotion,
Le dedans n'est que trouble et que sédition.
Un je ne sais quel charme encor vers vous m'emporte;
Votre mérite est grand si ma raison est forte.
Je le vois encor tel qu'il alluma mes feux
D'autant plus puissamment solliciter mes vœux
Qu'il est environné de puissance et de gloire,
Qu'en tous lieux après vous il traîne la victoire,
Que j'en sais mieux le prix, et qu'il n'a point déçu
Le généreux espoir que j'en avois conçu.
Mais ce même devoir qui le vainquit dans Rome,
Et qui me range ici dessous les lois d'un homme,

Repousse encor si bien l'effort de tant d'appas
Qu'il déchire mon ame, et ne l'ébranle pas.
C'est cette vertu même à nos désirs cruelle
Que vous louiez alors en blasphémant contre elle.
Plaignez-vous-en encor ; mais louez sa rigueur,
Qui triomphe à la fois de vous et de mon cœur ;
Et voyez qu'un devoir moins ferme et moins sincère
N'auroit pas mérité l'amour du grand Sévère.

SÉVÈRE.

Ah ! madame, excusez une aveugle douleur
Qui ne connoît plus rien que l'excès du malheur :
Je nommois inconstance et prenois pour un crime
De ce juste devoir l'effort le plus sublime.
De grâce, montrez moins à mes sens désolés
La grandeur de ma perte et ce que vous valez ;
Et, cachant par pitié cette vertu si rare
Qui redouble mes feux lorsqu'elle nous sépare,
Faites voir des défauts qui puissent à leur tour
Affoiblir ma douleur avecque mon amour.

PAULINE.

Hélas ! cette vertu, quoique enfin invincible,
Ne laisse que trop voir une ame trop sensible.
Ces pleurs en sont témoins, et ces lâches soupirs
Qu'arrachent de nos feux les cruels souvenirs :
Trop rigoureux effet d'une aimable présence
Contre qui mon devoir a trop peu de défense !
Mais si vous estimez ce vertueux devoir,
Conservez-m'en la gloire, et cessez de me voir.
Epargnez-moi des pleurs qui coulent à ma honte ;
Epargnez-moi des feux qu'à regret je surmonte ;
Enfin épargnez-moi ces tristes entretiens,
Qui ne font qu'irriter vos tourmens et les miens.

SÉVÈRE.

Que je me prive ainsi du seul bien qui me reste !

PAULINE.

Sauvez-vous d'une vue à tous les deux funeste.

SÉVÈRE.

Quel prix de mon amour ! quel fruit de mes travaux !

PAULINE.

C'est le remède seul qui peut guérir nos maux.

SÉVÈRE.

Je veux mourir des miens ; aimez-en la mémoire.

PAULINE.

Je veux guérir des miens ; ils souilleroient ma gloire.

SÉVÈRE.

Ah ! puisque votre gloire en prononce l'arrêt,
Il faut que ma douleur cède à son intérêt.
Est-il rien que sur moi cette gloire n'obtienne ?
Elle me rend les soins que je dois à la mienne.
Adieu, je vais chercher au milieu des combats
Cette immortalité que donne un beau trépas,
Et remplir dignement par une mort pompeuse
De mes premiers exploits l'attente avantageuse,
Si toutefois, après ce coup mortel du sort,
J'ai de la vie assez pour chercher une mort.

PAULINE.

Et moi dont votre vue augmente le supplice,
Je l'éviterai même en votre sacrifice ;
Et, seule dans ma chambre enfermant mes regrets,
Je vais pour vous aux dieux faire des vœux secrets.

SÉVÈRE.

Puisse le juste ciel, content de ma ruine,
Combler d'heur et de jours Polyeucte et Pauline !

PAULINE.

Puisse trouver Sévère, après tant de malheur,
Une félicité digne de sa valeur !

SÉVÈRE.

Il la trouvoit en vous.

PAULINE.

Je dépendois d'un père.

SÉVÈRE.

O devoir qui me perd et qui me désespère !
Adieu, trop vertueux objet, et trop charmant.

PAULINE.

Adieu, trop malheureux et trop parfait amant.

SCÈNE III.

PAULINE, STRATONICE.

STRATONICE.

Je vous ai plaints tous deux, j'en verse encor des larmes;
Mais du moins votre esprit est hors de ses alarmes :
Vous voyez clairement que votre songe est vain ;
Sévère ne vient pas la vengeance à la main.

PAULINE.

Laisse-moi respirer du moins si tu m'as plainte :
Au fort de ma douleur tu rappelles ma crainte ;
Souffre un peu de relâche à mes esprits troublés,
Et ne m'accable point par des maux redoublés.

STRATONICE.

Quoi ! vous craignez encor?

PAULINE.

Je tremble, Stratonice ;
Et, bien que je m'effraie avec peu de justice,
Cette injuste frayeur sans cesse reproduit
L'image des malheurs que j'ai vus cette nuit.

STRATONICE.

Sévère est généreux.

PAULINE.

Malgré sa retenue,

Polyeucte sanglant frappe toujours ma vue.

STRATONICE.

Vous voyez ce rival faire des vœux pour lui.

PAULINE.

Je crois même au besoin qu'il seroit son appui :
Mais, soit cette croyance ou fausse ou véritable,
Son séjour en ce lieu m'est toujours redoutable ;
A quoi que sa vertu le puisse disposer,
Il est puissant, il m'aime, et vient pour m'épouser.

SCÈNE IV.

POLYEUCTE, NÉARQUE, PAULINE, STRATONICE.

POLYEUCTE.

C'est trop verser de pleurs, il est temps qu'ils tarissent;
Que votre douleur cesse, et vos craintes finissent.
Malgré les faux avis par vos dieux envoyés,
Je suis vivant, madame, et vous me revoyez.

PAULINE.

Le jour est encor long ; et, ce qui plus m'effraie,
La moitié de l'avis se trouve déjà vraie :
J'ai cru Sévère mort, et je le vois ici.

POLYEUCTE.

Je le sais ; mais enfin j'en prends peu de souci.
Je suis dans Mélitène ; et, quel que soit Sévère,
Votre père y commande et l'on me considère ;
Et je ne pense pas qu'on puisse avec raison
D'un cœur tel que le sien craindre une trahison.
On m'avoit assuré qu'il vous faisoit visite,
Et je venois lui rendre un honneur qu'il mérite.

PAULINE.

Il vient de me quitter assez triste et confus ;
Mais j'ai gagné sur lui qu'il ne me verra plus.

POLYEUCTE.

Quoi! vous me soupçonnez déjà de quelque ombrage?

PAULINE.

Je ferois à tous trois un trop sensible outrage :
J'assure mon repos que troublent ses regards.
La vertu la plus ferme évite les hasards :
Qui s'expose au péril veut bien trouver sa perte ;
Et, pour vous en parler avec une ame ouverte,
Depuis qu'un vrai mérite a pu nous enflammer,
Sa présence toujours a droit de nous charmer.
Outre qu'on doit rougir de s'en laisser surprendre,
On souffre à résister, on souffre à s'en défendre ;
Et bien que la vertu triomphe de ses feux,
La victoire est pénible, et le combat honteux.

POLYEUCTE.

O vertu trop parfaite et devoir trop sincère,
Que vous devez coûter de regrets à Sévère!
Qu'aux dépens d'un beau feu vous me rendez heureux!
Et que vous êtes doux à mon cœur amoureux!
Plus je vois mes défauts et plus je vous contemple,
Plus j'admire...

SCÈNE V.

POLYEUCTE, PAULINE, NÉARQUE, STRATONICE, CLÉON.

CLÉON.

Seigneur, Félix vous mande au temple ;
La victime est choisie et le peuple à genoux,
Et pour sacrifier on n'attend plus que vous.

POLYEUCTE.

Va, nous allons te suivre. Y venez-vous, madame ?

PAULINE.

Sévère craint ma vue, elle irrite sa flamme ;
Je lui tiendrai parole, et ne veux plus le voir.
Adieu, vous l'y verrez ; pensez à son pouvoir,
Et ressouvenez-vous que sa faveur est grande.

POLYEUCTE.

Allez, tout son crédit n'a rien que j'appréhende ;
Et comme je connois sa générosité
Nous ne nous combattrons que de civilité.

SCÈNE VI.

POLYEUCTE, NÉARQUE.

NÉARQUE.

Où pensez-vous aller ?

POLYEUCTE.

Au temple où l'on m'appelle.

NÉARQUE.

Quoi ! vous mêler aux vœux d'une troupe infidèle ?
Oubliez-vous déjà que vous êtes chrétien ?

POLYEUCTE.

Vous par qui je le suis, vous en souvient-il bien ?

NÉARQUE.

J'abhorre les faux dieux.

POLYEUCTE.

Et moi je les déteste.

NÉARQUE.

Je tiens leur culte impie.

POLYEUCTE.

Et je le tiens funeste.

NÉARQUE.

Fuyez donc leurs autels.

POLYEUCTE.

Je les veux renverser,
Et mourir dans leur temple, ou les y terrasser.
Allons, mon cher Néarque, allons aux yeux des hommes
Braver l'idolâtrie, et montrer qui nous sommes :
C'est l'attente du ciel, il nous la faut remplir ;
Je viens de le promettre, et je vais l'accomplir.
Je rends grâces au Dieu que tu m'as fait connoître
De cette occasion qu'il a sitôt fait naître,
Où déjà sa bonté, prête à me couronner,
Daigne éprouver la foi qu'il vient de me donner.

NÉARQUE.

Ce zèle est trop ardent, souffrez qu'il se modère.

POLYEUCTE.

On n'en peut avoir trop pour le Dieu qu'on révère.

NÉARQUE.

Vous trouverez la mort.

POLYEUCTE.

Je la cherche pour lui.

NÉARQUE.

Et si ce cœur s'ébranle ?

POLYEUCTE.

Il sera mon appui.

NÉARQUE.

Il ne commande point que l'on s'y précipite.

POLYEUCTE.

Plus elle est volontaire, et plus elle mérite.

NÉARQUE.

Il suffit, sans chercher, d'attendre et de souffrir.

POLYEUCTE.

On souffre avec regret quand on n'ose s'offrir.

NÉARQUE.

Mais dans ce temple enfin la mort est assurée.

POLYEUCTE.

Mais dans le ciel déjà la palme est préparée.

NÉARQUE.

Par une sainte vie il faut la mériter.

POLYEUCTE.

Mes crimes en vivant me la pourroient ôter.
Pourquoi mettre au hasard ce que la mort assure?
Quand elle ouvre le ciel peut-elle sembler dure?
Je suis chrétien, Néarque, et le suis tout à fait;
La foi que j'ai reçue aspire à son effet.
Qui fuit croit lâchement et n'a qu'une foi morte.

NÉARQUE.

Ménagez votre vie, à Dieu même elle importe;
Vivez pour protéger les chrétiens en ces lieux.

POLYEUCTE.

L'exemple de ma mort les fortifiera mieux.

NÉARQUE.

Vous voulez donc mourir?

POLYEUCTE.

Vous aimez donc à vivre?

NÉARQUE.

Je ne puis déguiser que j'ai peine à vous suivre.
Sous l'horreur des tourmens je crains de succomber.

POLYEUCTE.

Qui marche assurément n'a point peur de tomber.
Dieu fait part, au besoin, de sa force infinie.
Qui craint de le nier dans son ame le nie;
Il croit le pouvoir faire, et doute de sa foi.

NÉARQUE.

Qui n'appréhende rien présume trop de soi.

POLYEUCTE.

J'attends tout de sa grâce, et rien de ma foiblesse.

Mais loin de me presser il faut que je vous presse!
D'où vient cette froideur ?

NÉARQUE.

Dieu même a craint la mort.

POLYEUCTE.

Il s'est offert pourtant ; suivons ce saint effort;
Dressons-lui des autels sur des monceaux d'idoles.
Il faut, je me souviens encor de vos paroles,
Négliger pour lui plaire et femme et biens et rang,
Exposer pour sa gloire et verser tout son sang.
Hélas! qu'avez-vous fait de cette amour parfaite
Que vous me souhaitiez et que je vous souhaite ?
S'il vous en reste encor, n'êtes-vous point jaloux
Qu'à grand'peine chrétien j'en montre plus que vous?

NÉARQUE.

Vous sortez du baptême, et ce qui vous anime
C'est sa grâce qu'en vous n'affoiblit aucun crime ;
Comme encor tout entière elle agit pleinement,
Et tout semble possible à son feu véhément :
Mais cette même grâce en moi diminuée,
Et par mille péchés sans cesse exténuée,
Agit aux grands effets avec tant de langueur
Que tout semble impossible à son peu de vigueur.
Cette indigne mollesse et ces lâches défenses
Sont des punitions qu'attirent mes offenses ;
Mais Dieu, dont on ne doit jamais se défier,
Me donne votre exemple à me fortifier.
Allons, cher Polyeucte, allons aux yeux des hommes
Braver l'idolâtrie, et montrer qui nous sommes ;
Puissé-je vous donner l'exemple de souffrir
Comme vous me donnez celui de vous offrir !

POLYEUCTE.

A cet heureux transport que le ciel vous envoie
Je reconnois Néarque, et j'en pleure de joie.

Ne perdons plus de temps, le sacrifice est prêt;
Allons-y du vrai Dieu soutenir l'intérêt;
Allons fouler aux pieds ce foudre ridicule
Dont arme un bois pourri ce peuple trop crédule;
Allons en éclairer l'aveuglement fatal;
Allons briser ces dieux de pierre et de métal;
Abandonnons nos jours à cette ardeur céleste;
Faisons triompher Dieu: qu'il dispose du reste.

NÉARQUE.

Allons faire éclater sa gloire aux yeux de tous,
Et répondre avec zèle à ce qu'il veut de nous.

ACTE TROISIÈME.

SCÈNE I.

PAULINE.

Que de soucis flottans, que de confus nuages,
Présentent à mes yeux d'inconstantes images?
Douce tranquillité que je n'ose espérer,
Que ton divin rayon tarde à les éclairer !
Mille agitations que mes troubles produisent
Dans mon cœur ébranlé tour à tour se détruisent;
Aucun espoir n'y coule où j'ose persister ;
Aucun effroi n'y règne où j'ose m'arrêter.
Mon esprit, embrassant tout ce qu'il s'imagine,
Voit tantôt mon bonheur et tantôt ma ruine,
Et suit leur vaine idée avec si peu d'effet
Qu'il ne peut espérer ni craindre tout à fait.
Sévère incessamment brouille ma fantaisie ;
J'espère en sa vertu, je crains sa jalousie ;
Et je n'ose penser que d'un œil bien égal
Polyeucte en ces lieux puisse voir son rival.
Comme entre deux rivaux la haine est naturelle,
L'entrevue aisément se termine en querelle :
L'un voit aux mains d'autrui ce qu'il croit mériter,
L'autre un désespéré qui peut tout attenter.
Quelque haute raison qui règle leur courage,
L'un conçoit de l'envie, et l'autre de l'ombrage ;
La honte d'un affront que chacun d'eux croit voir
Ou de nouveau reçue ou prête à recevoir,

Consumant dès l'abord toute leur patience,
Forme de la colère et de la défiance,
Et, saisissant ensemble et l'époux et l'amant,
En dépit d'eux les livre à leur ressentiment.
Mais que je me figure une étrange chimère!
Et que je traite mal Polyeucte et Sévère,
Comme si la vertu de ces fameux rivaux
Ne pouvoit s'affranchir de ces communs défauts!
Leurs ames à tous deux d'elles-mêmes maîtresses
Sont d'un ordre trop haut pour de telles bassesses;
Ils se verront au temple en hommes généreux.
Mais, las! ils se verront, et c'est beaucoup pour eux.
Que sert à mon époux d'être dans Mélitène
Si contre lui Sévère arme l'aigle romaine,
Si mon père y commande, et craint ce favori,
Et se repent déjà du choix de mon mari?
Si peu que j'ai d'espoir ne luit qu'avec contrainte;
En naissant il avorte, et fait place à la crainte;
Ce qui doit l'affermir sert à le dissiper.
Dieux, faites que ma peur puisse enfin se tromper!
Mais sachons-en l'issue.

SCÈNE II.

PAULINE, STRATONICE.

PAULINE.

Eh bien! ma Stratonice,
Comment s'est terminé ce pompeux sacrifice?
Ces rivaux généreux au temple se sont vus?

STRATONICE.

Ah! Pauline!

PAULINE.

Mes vœux ont-ils été déçus?

J'en vois sur ton visage une mauvaise marque.
Se sont-ils querellés ?

STRATONICE.

Polyeucte, Néarque,
Les chrétiens...

PAULINE.

Parle donc : les chrétiens...

STRATONICE.

Je ne puis.

PAULINE.

Tu prépares mon ame à d'étranges ennuis.

STRATONICE.

Vous n'en sauriez avoir une plus juste cause.

PAULINE.

L'ont-ils assassiné ?

STRATONICE.

Ce seroit peu de chose.
Tout votre songe est vrai, Polyeucte n'est plus...

PAULINE.

Il est mort?

STRATONICE.

Non, il vit ; mais, ô pleurs superflus !
Ce courage si grand, cette ame si divine
N'est plus digne du jour ni digne de Pauline.
Ce n'est plus cet époux si charmant à vos yeux ;
C'est l'ennemi commun de l'état et des dieux,
Un méchant, un infâme, un rebelle, un perfide,
Un traître, un scélérat, un lâche, un parricide,
Une peste exécrable à tous les gens de bien,
Un sacrilége impie, en un mot un chrétien.

PAULINE.

Ce mot auroit suffit sans ce torrent d'injures.

STRATONICE.

Ces titres aux chrétiens sont-ce des impostures ?

PAULINE.

Il est ce que tu dis s'il embrasse leur foi;
Mais il est mon époux, et tu parles à moi.

STRATONICE.

Ne considérez plus que le Dieu qu'il adore.

PAULINE.

Je l'aimai par devoir ; ce devoir dure encore.

STRATONICE.

Il vous donne à présent sujet de le haïr.
Qui trahit tous nos dieux auroit pu vous trahir.

PAULINE.

Je l'aimerois encor quand il m'auroit trahie,
Et si de tant d'amour tu peux être ébahie
Apprends que mon devoir ne dépend point du sien.
Qu'il y manque s'il veut; je dois faire le mien.
Quoi! s'il aimoit ailleurs, serois-je dispensée
A suivre à son exemple une ardeur insensée?
Quelque chrétien qu'il soit, je n'en ai point d'horreur;
Je chéris sa personne, et je hais son erreur.
Mais quel ressentiment en témoigne mon père?

STRATONICE.

Une secréte rage, un excés de colére,
Malgré qui toutefois un reste d'amitié
Montre pour Polyeucte encor quelque pitié.
Il ne veut point sur lui faire agir sa justice
Que du traître Néarque il n'ait vu le supplice.

PAULINE.

Quoi! Néarque en est donc?

STRATONICE.

Néarque l'a séduit.
De leur vieille amitié c'est là l'indigne fruit.
Ce perfide tantôt, en dépit de lui-même,
L'arrachant de vos bras l'entraînoit au baptême.
Voilà ce grand secret et si mystérieux

Que n'en pouvoit tirer votre amour curieux.

PAULINE.

Tu me blâmois alors d'être trop importune.

STRATONICE.

Je ne prévoyois pas une telle infortune.

PAULINE.

Avant qu'abandonner mon ame à mes douleurs
Il me faut essayer la force de mes pleurs;
En qualité de femme ou de fille, j'espère
Qu'ils vaincront un époux ou fléchiront un père.
Que si sur l'un et l'autre ils manquent de pouvoir,
Je ne prendrai conseil que de mon désespoir.
Apprends-moi cependant ce qu'ils ont fait au temple.

STRATONICE.

C'est une impiété qui n'eut jamais d'exemple.
Je ne puis y penser sans frémir à l'instant,
Et crains de faire un crime en vous la racontant.
Apprenez en deux mots leur brutale insolence.
Le prêtre avoit à peine obtenu du silence,
Et devers l'orient assuré son aspect
Qu'ils ont fait éclater leur manque de respect.
A chaque occasion de la cérémonie
A l'envi l'un et l'autre étaloit sa manie,
Des mystères sacrés hautement se moquoit,
Et traitoit de mépris les dieux qu'on invoquoit.
Tout le peuple en murmure, et Félix s'en offense:
Mais tous deux s'emportant à plus d'irrévérence,
« Quoi ! lui dit Polyeucte en élevant sa voix,
Adorez-vous des dieux ou de pierre ou de bois? »
Ici dispensez-moi du récit des blasphèmes
Qu'ils ont vomis tous deux contre Jupiter mêmes:
L'adultère et l'inceste en étoient les plus doux.
« Oyez, dit-il ensuite, oyez, peuple ; oyez tous :
Le Dieu de Polyeucte et celui de Néarque

De la terre et du ciel est l'absolu monarque,
Seul être indépendant, seul maître du destin,
Seul principe éternel et souveraine fin.
C'est ce Dieu des chrétiens qu'il faut qu'on remercie
Des victoires qu'il donne à l'empereur Décie;
Lui seul tient en sa main le succès des combats;
Il le veut élever, il le peut mettre à bas;
Sa bonté, son pouvoir, sa justice est immense;
C'est lui seul qui punit, lui seul qui récompense:
Vous adorez en vain des monstres impuissans. »
Se jetant à ces mots sur le vin et l'encens,
Après en avoir mis les saints vases par terre,
Sans crainte de Félix, sans crainte du tonnerre,
D'une fureur pareille ils courent à l'autel.
Cieux! a-t-on vu jamais, a-t-on vu rien de tel!
Du plus puissant des dieux nous voyons la statue
Par une main impie à leurs pieds abattue,
Les mystères troublés, le temple profané,
La fuite et les clameurs d'un peuple mutiné,
Qui craint d'être accablé sous le courroux céleste.
Félix... Mais le voici qui vous dira le reste.

PAULINE.

Que son visage est sombre et plein d'émotion!
Qu'il montre de tristesse et d'indignation!

SCÈNE III.

FÉLIX, PAULINE, STRATONICE.

FÉLIX.

Une telle insolence avoir osé paroître!
En public! à ma vue! il en mourra, le traître!

PAULINE.

Souffrez que votre fille embrasse vos genoux.

FÉLIX.

Je parle de Néarque, et non de votre époux.
Quelque indigne qu'il soit de ce doux nom de gendre,
Mon ame lui conserve un sentiment plus tendre:
La grandeur de son crime et de mon déplaisir
N'a pas éteint l'amour qui me l'a fait choisir.

PAULINE.

Je n'attendois pas moins de la bonté d'un père.

FÉLIX.

Je pouvois l'immoler à ma juste colère;
Car vous n'ignorez pas à quel comble d'horreur
De son audace impie a monté la fureur;
Vous l'avez pu savoir du moins de Stratonice.

PAULINE.

Je sais que de Néarque il doit voir le supplice.

FÉLIX.

Du conseil qu'il doit prendre il sera mieux instruit
Quand il verra punir celui qui l'a séduit.
Au spectacle sanglant d'un ami qu'il faut suivre
La crainte de mourir et le désir de vivre
Ressaisissent une ame avec tant de pouvoir
Que qui voit le trépas cesse de le vouloir.
L'exemple touche plus que ne fait la menace:
Cette indiscrète ardeur tourne bientôt en glace;
En vain vous en avez l'esprit inquiété,
Il se repentira de son impiété.

PAULINE.

Vous pouvez espérer qu'il change de courage?

FÉLIX.

Aux dépens de Néarque il doit se rendre sage.

PAULINE.

Il le doit: mais, hélas! où me renvoyez-vous?
Et quels tristes hasards ne court point mon époux,
Si de son inconstance il faut qu'enfin j'espère

Le bien que j'espérois de la bonté d'un père ?

FÉLIX.

Je vous en fais trop voir, Pauline, à consentir
Qu'il évite la mort par un prompt repentir.
Je devois même peine à des crimes semblables.
Et, mettant différence entre ces deux coupables,
J'ai trahi la justice à l'amour paternel ;
Je me suis fait pour lui moi-même criminel ;
Et j'attendois de vous, au milieu de vos craintes,
Plus de remerciemens que je n'entends de plaintes.

PAULINE.

De quoi remercier qui ne me donne rien ?
Je sais quelle est l'humeur et l'esprit d'un chrétien ;
Dans l'obstination jusqu'au bout il demeure :
Vouloir son repentir c'est ordonner qu'il meure.

FÉLIX.

Sa grâce est en sa main, c'est à lui d'y rêver.

PAULINE.

Faites-la tout entière.

FÉLIX.

Il la peut achever.

PAULINE.

Ne l'abandonnez pas aux fureurs de sa secte.

FÉLIX.

Je l'abandonne aux lois, qu'il faut que je respecte.

PAULINE.

Est-ce ainsi que d'un gendre un beau-père est l'appui?

FÉLIX.

Qu'il fasse autant pour soi comme je fais pour lui.

PAULINE.

Mais il est aveuglé.

FÉLIX.

Mais il se plaît à l'être.

Qui chérit son erreur ne la veut pas connoître.

PAULINE.

Mon père, au nom des dieux...

FÉLIX.

Ne les réclamez pas

Ces dieux dont l'intérêt demande son trépas.

PAULINE.

Ils écoutent nos vœux.

FÉLIX.

Eh bien ! qu'il leur en fasse.

PAULINE.

Au nom de l'empereur, dont vous tenez la place...

FÉLIX.

J'ai son pouvoir en main ; mais, s'il me l'a commis,
C'est pour le déployer contre ses ennemis.

PAULINE.

Polyeucte l'est-il ?

FÉLIX.

Tous chrétiens sont rebelles.

PAULINE.

N'écoutez point pour lui ces maximes cruelles ;
En épousant Pauline il s'est fait votre sang.

FÉLIX.

Je regarde sa faute, et ne vois plus son rang.
Quand le crime d'état se mêle au sacrilége
Le sang ni l'amitié n'ont plus de privilége.

PAULINE.

Quel excès de rigueur !

FÉLIX.

Moindre que son forfait.

PAULINE.

Oh ! de mon songe affreux trop véritable effet !
Voyez-vous qu'avec lui vous perdez votre fille ?

FÉLIX.

Les dieux et l'empereur sont plus que ma famille.

PAULINE.

La perte de tous deux ne peut vous arrêter !

FÉLIX.

J'ai les dieux et Décie ensemble à redouter.
Mais nous n'avons encore à craindre rien de triste:
Dans son aveuglement pensez-vous qu'il persiste?
S'il nous sembloit tantôt courir à son malheur,
C'est d'un nouveau chrétien la première chaleur.

PAULINE.

Si vous l'aimez encor, quittez cette espérance
Que deux fois en un jour il change de croyance;
Outre que les chrétiens ont plus de dureté,
Vous attendez de lui trop de légèreté.
Ce n'est point une erreur avec le lait sucée,
Que sans l'examiner son ame ait embrassée;
Polyeucte est chrétien parcequ'il l'a voulu,
Et vous portoit au temple un esprit résolu.
Vous devez présumer de lui comme du reste:
Le trépas n'est pour eux ni honteux ni funeste;
Ils cherchent de la gloire à mépriser nos dieux;
Aveugles pour la terre, ils aspirent aux cieux;
Et, croyant que la mort leur en ouvre la porte,
Tourmentés, déchirés, assassinés, n'importe,
Les supplices leur sont ce qu'à nous les plaisirs,
Et les mènent au but où tendent leurs désirs.
La mort la plus infâme, ils l'appellent martyre.

FÉLIX.

Eh bien donc! Polyeucte aura ce qu'il désire:
N'en parlons plus.

PAULINE.

Mon père...

SCÈNE IV.

FELIX, ALBIN, PAULINE, STRATONICE.

FÉLIX.

Albin, en est-ce fait?

ALBIN.

Oui, seigneur ; et Néarque a payé son forfait.

FÉLIX.

Et notre Polyeucte a vu trancher sa vie ?

ALBIN.

Il l'a vu, mais, hélas ! avec un œil d'envie,
Il brûle de le suivre au lieu de reculer,
Et son cœur s'affermit au lieu de s'ébranler.

PAULINE.

Je vous le disois bien. Encore un coup, mon père,
Si jamais mon respect a pu vous satisfaire,
Si vous l'avez prisé, si vous l'avez chéri...

FÉLIX.

Vous aimez trop, Pauline, un indigne mari.

PAULINE.

Je l'ai de votre main : mon amour est sans crime ;
Il est de votre choix la glorieuse estime ;
Et j'ai, pour l'accepter, éteint le plus beau feu
Qui d'une ame bien née ait mérité l'aveu.
Au nom de cette aveugle et prompte obéissance
Que j'ai toujours rendue aux lois de la naissance,
Si vous avez pu tout sur moi, sur mon amour,
Que je puisse sur vous quelque chose à mon tour !
Par ce juste pouvoir à présent trop à craindre,
Par ces beaux sentimens qu'il m'a fallu contraindre,
Ne m'ôtez pas vos dons ; ils sont chers à mes yeux,
Et m'ont assez coûté pour m'être précieux.

FÉLIX.

Vous m'importunez trop : bien que j'aie un cœur tendre,
Je n'aime la pitié qu'au prix que j'en veux prendre.
Employez mieux l'effort de vos justes douleurs ;
Malgré moi m'en toucher c'est perdre temps et pleurs ;
J'en veux être le maître, et je veux bien qu'on sache
Que je la désavoue alors qu'on me l'arrache.
Préparez-vous à voir ce malheureux chrétien ;
Et faites votre effort quand j'aurai fait le mien.
Allez, n'irritez plus un père qui vous aime,
Et tâchez d'obtenir votre époux de lui-même.
Tantôt jusqu'en ce lieu je le ferai venir :
Cependant quittez-nous, je veux l'entretenir.

PAULINE.

De grâce, permettez...

FÉLIX.

Laissez-nous seuls, vous dis-je ;
Votre douleur m'offense autant qu'elle m'afflige.
A gagner Polyeucte appliquez tous vos soins ;
Vous avancerez plus en m'importunant moins.

SCÈNE V.

FÉLIX, ALBIN.

FÉLIX.

Albin, comme est-il mort ?

ALBIN.

En brutal, en impie,
En bravant les tourmens, en dédaignant la vie,
Sans regret, sans murmure et sans étonnement,
Dans l'obstination et l'endurcissement,
Comme un chrétien enfin, le blasphème à la bouche.

FÉLIX.

Et l'autre ?

ALBIN.

Je l'ai dit déjà, rien ne le touche ;
Loin d'en être abattu, son cœur en est plus haut.
On l'a violenté pour quitter l'échafaud.
Il est dans la prison, où je l'ai vu conduire ;
Mais vous êtes bien loin encor de le réduire.

FÉLIX.

Que je suis malheureux !

ALBIN.

Tout le monde vous plaint.

FÉLIX.

On ne sait pas les maux dont mon cœur est atteint.
De pensers sur pensers mon âme est agitée,
De soucis sur soucis elle est inquiétée ;
Je sens l'amour, la haine, et la crainte, et l'espoir,
La joie et la douleur tour à tour l'émouvoir.
J'entre en des sentimens qui ne sont pas croyables ;
J'en ai de violens, j'en ai de pitoyables ;
J'en ai de généreux qui n'oseroient agir ;
J'en ai même de bas, et qui me font rougir.
J'aime ce malheureux que j'ai choisi pour gendre,
Je hais l'aveugle erreur qui le vient de surprendre ;
Je déplore sa perte, et, le voulant sauver,
J'ai la gloire des dieux ensemble à conserver ;
Je redoute leur foudre et celui de Décie ;
Il y va de ma charge, il y va de ma vie.
Ainsi tantôt pour lui je m'expose au trépas,
Et tantôt je le perds pour ne me perdre pas.

ALBIN.

Décie excusera l'amitié d'un beau-père ;
Et d'ailleurs Polyeucte est d'un sang qu'on révère.

FÉLIX.

A punir les chrétiens son ordre est rigoureux,
Et plus l'exemple est grand, plus il est dangereux.
On ne distingue point quand l'offense est publique ;
Et lorsqu'on dissimule un crime domestique,
Par quelle autorité peut-on, par quelle loi,
Châtier en autrui ce qu'on souffre chez soi ?

ALBIN.

Si vous n'osez avoir d'égard à sa personne,
Écrivez à Décie afin qu'il en ordonne.

FÉLIX.

Sévère me perdroit si j'en usois ainsi :
Sa haine et son pouvoir font mon plus grand souci.
Si j'avois différé de punir un tel crime,
Quoiqu'il soit généreux, quoiqu'il soit magnanime,
Il est homme, et sensible, et je l'ai dédaigné ;
Et de tant de mépris son esprit indigné,
Que met au désespoir cet hymen de Pauline,
Du courroux de Décie obtiendroit ma ruine.
Pour venger un affront tout semble être permis,
Et les occasions tentent les plus remis.
Peut-être, et ce soupçon n'est pas sans apparence,
Il rallume en son cœur déjà quelque espérance ;
Et, croyant bientôt voir Polyeucte puni,
Il rappelle un amour à grand'peine banni.
Juge si sa colère, en ce cas implacable,
Me feroit innocent de sauver un coupable,
Et s'il m'épargneroit, voyant par mes bontés
Une seconde fois ses desseins avortés?
Te dirai-je un penser indigne, bas et lâche ?
Je l'étouffe, il renaît ; il me flatte et me fâche,
L'ambition toujours me le vient présenter,
Et tout ce que je puis c'est de le détester.
Polyeucte est ici l'appui de ma famille ;
Mais si par son trépas l'autre épousoit ma fille,

J'acquerrois bien par là de plus puissans appuis
Qui me mettroient plus haut cent fois que je ne suis.
Mon cœur en prend par force une maligne joie ;
Mais que plutôt le ciel à tes yeux me foudroie
Qu'à des pensers si bas je puisse consentir,
Que jusque là ma gloire ose se démentir !

ALBIN.

Votre cœur est trop bon, et votre ame trop haute.
Mais vous résolvez-vous à punir cette faute ?

FÉLIX.

Je vais dans la prison faire tout mon effort
A vaincre cet esprit par l'effroi de la mort ;
Et nous verrons après ce que pourra Pauline.

ALBIN.

Que ferez-vous enfin si toujours il obstine ?

FÉLIX.

Ne me presse point tant ; dans un tel déplaisir
Je ne puis que résoudre, et ne sais que choisir.

ALBIN.

Je dois vous avertir, en serviteur fidèle,
Qu'en sa faveur déjà la ville se rebelle,
Et ne peut voir passer par la rigueur des lois
Sa dernière espérance et le sang de ses rois.
Je tiens sa prison même assez mal assurée ;
J'ai laissé tout autour une troupe éplorée ;
Je crains qu'on ne la force.

FÉLIX.

Il faut donc l'en tirer,
Et l'amener ici pour nous en assurer.

ALBIN.

Tirez-l'en donc vous-même, et d'un espoir de grâce
Apaisez la fureur de cette populace.

FÉLIX.

Allons, et s'il persiste à demeurer chrétien
Nous en disposerons sans qu'elle en sache rien.

ACTE QUATRIÈME.

SCÈNE I.

POLYEUCTE, CLÉON, TROIS AUTRES GARDES.

POLYEUCTE.

Gardes, que me veut-on ?

CLEON.

Pauline vous demande.

POLYEUCTE.

O présence, ô combat que surtout j'appréhende !
Félix, dans la prison j'ai triomphé de toi,
J'ai ri de ta menace, et t'ai vu sans effroi :
Tu prends pour t'en venger de plus puissantes armes;
Je craignois beaucoup moins les bourreaux que ses larmes.
Seigneur, qui vois ici les périls que je cours,
En ce pressant besoin redouble ton secours ;
Et toi qui, tout sortant encor de la victoire,
Regardes mes travaux du séjour de la gloire,
Cher Néarque, pour vaincre un si fort ennemi
Prête du haut du ciel la main à ton ami.
Gardes, oseriez-vous me rendre un bon office ?
Non pour me dérober aux rigueurs du supplice,
Ce n'est pas mon dessein qu'on me fasse évader ;
Mais comme il suffira de trois à me garder,
L'autre m'obligeroit d'aller quérir Sévère :
Je crois que sans péril on peut me satisfaire ;
Si j'avois pu lui dire un secret important

Il vivroit plus heureux, et je mourrois content.

CLÉON.

Si vous me l'ordonnez j'y cours en diligence.

POLYEUCTE.

Sévère à mon défaut fera ta récompense.
Va, ne perds point de temps, et reviens promptement.

CLÉON.

Je serai de retour, seigneur, dans un moment.

SCÈNE II.

POLYEUCTE.

(Les gardes se retirent aux côtés du théâtre.)

Source délicieuse, en misères féconde,
Que voulez-vous de moi, flatteuses voluptés?
Honteux attachemens de la chair et du monde,
Que ne me quittez-vous quand je vous ai quittés!
Allez, honneurs, plaisirs, qui me livrez la guerre;
    Toute votre félicité,
    Sujette à l'instabilité,
    En moins de rien tombe par terre,
    Et comme elle a l'éclat du verre
    Elle en a la fragilité.

Ainsi n'espérez pas qu'après vous je soupire.
Vous étalez en vain vos charmes impuissans;
Vous me montrez en vain par tout ce vaste empire
Les ennemis de Dieu pompeux et florissans.
Il étale à son tour des revers équitables
    Par qui les grands sont confondus,
    Et les glaives qu'il tient pendus
    Sur les plus fortunés coupables

Sont d'autant plus inévitables
Que leurs coups sont moins attendus.

Tigre altéré de sang, Décie impitoyable,
Ce Dieu t'a trop long-temps abandonné les siens;
De ton heureux destin vois la suite effroyable;
Le Scythe va venger la Perse et les chrétiens.
Encore un peu plus outre, et ton heure est venue;
Rien ne t'en sauroit garantir,
Et la foudre qui va partir,
Toute prête à crever la nue,
Ne peut plus être retenue
Par l'attente du repentir.

Que cependant Félix m'immole à la colère,
Qu'un rival plus puissant éblouisse ses yeux,
Qu'aux dépens de ma vie il s'en fasse beau-père,
Et qu'à titre d'esclave il commande en ces lieux:
Je consens ou plutôt j'aspire à ma ruine.
Monde, pour moi tu n'as plus rien,
Je porte en un cœur tout chrétien
Une flamme toute divine,
Et je ne regarde Pauline
Que comme un obstacle à mon bien.

Saintes douceurs du ciel, adorables idées,
Vous remplissez un cœur qui vous peut recevoir;
De vos sacrés attraits les ames possédées
Ne conçoivent plus rien qui les puisse émouvoir.
Vous promettez beaucoup et donnez davantage;
Vos biens ne sont point inconstans,
Et l'heureux trépas que j'attends
Ne vous sert que d'un doux passage
Pour nous introduire au partage
Qui nous rend à jamais contens.

C'est vous, ô feu divin que rien ne peut éteindre,
Qui m'allez faire voir Pauline sans la craindre.
Je la vois, mais mon cœur, d'un saint zéle enflammé,
N'en goûte plus l'appât dont il était charmé,
Et mes yeux éclairés des célestes lumiéres
Ne trouvent plus aux siens leurs grâces coutumiéres.

SCÈNE III.

POLYEUCTE, PAULINE, GARDES.

POLYEUCTE.

Madame, quel dessein vous fait me demander?
Est-ce pour me combattre ou pour me seconder?
Cet effort généreux de votre amour parfaite
Vient-il à mon secours, vient-il à ma défaite?
Apportez-vous ici la haine ou l'amitié,
Comme mon ennemie ou ma chère moitié?

PAULINE.

Vous n'avez point ici d'ennemi que vous-même;
Seul vous vous haïssez lorsque chacun vous aime,
Seul vous exécutez tout ce que j'ai rêvé;
Ne veuillez pas vous perdre, et vous êtes sauvé.
A quelque extrémité que votre crime passe,
Vous êtes innocent si vous vous faites grâce.
Daignez considérer le sang dont vous sortez,
Vos grandes actions, vos rares qualités;
Chéri de tout le peuple, estimé chez le prince,
Gendre du gouverneur de toute la province,
Je ne vous compte à rien le nom de mon époux;
C'est un bonheur pour moi qui n'est pas grand pour vous;
Mais aprés vos exploits, aprés votre naissance,
Aprés votre pouvoir, voyez notre espérance,
Et n'abandonnez pas à la main d'un bourreau

Ce qu'à nos justes vœux promet un sort si beau.

POLYEUCTE.

Je considère plus, je sais mes avantages
Et l'espoir que sur eux forment les grands courages.
Ils n'aspirent enfin qu'à des biens passagers,
Que troublent les soucis, que suivent les dangers;
La mort nous les ravit, la fortune s'en joue;
Aujourd'hui dans le trône, et demain dans la boue;
Et leur plus haut éclat fait tant de mécontens
Que peu de vos Césars en ont joui long-temps.
J'ai de l'ambition, mais plus noble et plus belle:
Cette grandeur périt, j'en veux une immortelle,
Un bonheur assuré, sans mesure et sans fin,
Au dessus de l'envie, au dessus du destin.
Est-ce trop l'acheter que d'une triste vie,
Qui tantôt, qui soudain me peut être ravie,
Qui ne me fait jouir que d'un instant qui fuit,
Et ne peut m'assurer de celui qui le suit?

PAULINE.

Voilà de vos chrétiens les ridicules songes,
Voilà jusqu'à quel point vous charment leurs mensonges;
Tout votre sang est peu pour un bonheur si doux!
Mais, pour en disposer, ce sang est-il à vous?
Vous n'avez pas la vie ainsi qu'un héritage;
Le jour qui vous la donne en même temps l'engage;
Vous la devez au prince, au public, à l'état.

POLYEUCTE.

Je la voudrois pour eux perdre dans un combat,
Je sais quel en est l'heur et quelle en est la gloire.
Des aïeux de Décie on vante la mémoire;
Et ce nom, précieux encore à vos Romains,
Au bout de six cents ans lui met l'empire aux mains.
Je dois ma vie au peuple, au prince, à sa couronne;
Mais je la dois bien plus au Dieu qui me la donne.

Si mourir pour son prince est un illustre sort,
Quand on meurt pour son Dieu quelle sera la mort!

PAULINE.

Quel Dieu!

POLYEUCTE.

Tout beau, Pauline, il entend vos paroles,
Et ce n'est pas un Dieu comme vos dieux frivoles,
Insensibles et sourds, impuissans, mutilés,
De bois, de marbre ou d'or, comme vous les voulez:
C'est le Dieu des chrétiens, c'est le mien, c'est le vôtre;
Et la terre et le ciel n'en connoissent point d'autre.

PAULINE.

Adorez-le dans l'ame, et n'en témoignez rien.

POLYEUCTE.

Que je sois tout ensemble idolâtre et chrétien!

PAULINE.

Ne feignez qu'un moment, laissez partir Sévère,
Et donnez lieu d'agir aux bontés de mon père.

POLYEUCTE.

Les bontés de mon Dieu sont bien plus à chérir:
Il m'ôte des périls que j'aurois pu courir,
Et sans me laisser lieu de tourner en arrière
Sa faveur me couronne entrant dans la carrière;
Du premier coup de vent il me conduit au port,
Et sortant du baptême il m'envoie à la mort.
Si vous pouviez comprendre et le peu qu'est la vie,
Et de quelles douceurs cette mort est suivie...
Mais que sert de parler de ces trésors cachés
A des esprits que Dieu n'a pas encor touchés?

PAULINE.

Cruel! car il est temps que ma douleur éclate,
Et qu'un juste reproche accable une ame ingrate,
Est-ce là ce beau feu? sont-ce là tes sermens?
Témoignes-tu pour moi les moindres sentimens?

Je ne te parlois point de l'état déplorable
Où ta mort va laisser ta femme inconsolable;
Je croyois que l'amour t'en parleroit assez,
Et je ne voulois pas de sentimens forcés :
Mais cette amour si ferme et si bien méritée
Que tu m'avois promise, et que je t'ai portée,
Quand tu me veux quitter, quand tu me fais mourir,
Te peut-elle arracher une larme, un soupir?
Tu me quittes, ingrat, et le fais avec joie;
Tu ne la caches pas, tu veux que je la voie;
Et ton cœur, insensible à ces tristes appas,
Se figure un bonheur où je ne serai pas!
C'est donc là le dégoût qu'apporte l'hyménée!
Je te suis odieuse après m'être donnée!

POLYEUCTE.

Hélas!

PAULINE.

Que cet hélas a de peine à sortir!
Encor s'il commençoit un heureux repentir,
Que, tout forcé qu'il est, j'y trouverois de charmes!
Mais courage, il s'émeut, je vois couler des larmes.

POLYEUCTE.

J'en verse, et plût à Dieu qu'à force d'en verser
Ce cœur trop endurci se pût enfin percer!
Le déplorable état où je vous abandonne
Est bien digne des pleurs que mon amour vous donne,
Et si l'on peut au ciel sentir quelques douleurs
J'y pleurerai pour vous l'excès de vos malheurs;
Mais si dans ce séjour de gloire et de lumière
Ce Dieu tout juste et bon peut souffrir ma prière,
S'il y daigne écouter un conjugal amour,
Sur votre aveuglement il répandra le jour.
Seigneur, de vos bontés il faut que je l'obtienne;
Elle a trop de vertus pour n'être pas chrétienne;
Avec trop de mérite il vous plut la former

Pour ne vous pas connoître et ne vous pas aimer,
Pour vivre des enfers esclave infortunée,
Et sous leur triste joug mourir comme elle est née.

PAULINE.

Que dis-tu, malheureux? qu'oses-tu souhaiter?

POLYEUCTE.

Ce que de tout mon sang je voudrois acheter.

PAULINE.

Que plutôt....!

POLYEUCTE.

C'est en vain qu'on se met en défense;
Ce Dieu touche les cœurs lorsque moins on y pense.
Ce bienheureux moment n'est pas encor venu;
Il viendra; mais le temps ne m'en est pas connu.

PAULINE.

Quittez cette chimère, et m'aimez.

POLYEUCTE.

Je vous aime
Beaucoup moins que mon Dieu, mais bien plus que [moi-même.]

PAULINE.

Au nom de cet amour, ne m'abandonnez pas.

POLYEUCTE.

Au nom de cet amour, daignez suivre mes pas.

PAULINE.

C'est peu de me quitter, tu veux me donc séduire?

POLYEUCTE.

C'est peu d'aller au ciel, je vous y veux conduire.

PAULINE.

Imaginations!

POLYEUCTE.

Célestes vérités!

PAULINE.

Etrange aveuglement!

POLYEUCTE.

Eternelles clartés.

PAULINE.

Tu préfères la mort à l'amour de Pauline!

POLYEUCTE.

Vous préférez le monde à la bonté divine!

PAULINE.

Va, cruel, va mourir ; tu ne m'aimas jamais.

POLYEUCTE.

Vivez heureuse au monde, et me laissez en paix.

PAULINE.

Oui, je t'y vais laisser; ne t'en mets plus en peine ;
Je vais....

SCÈNE IV.

POLYEUCTE, PAULINE, SÉVÈRE, FABIAN, GARDES.

PAULINE.

Mais quel dessein en ce lieu vous amène,
Sévère? auroit-on cru qu'un cœur si généreux
Pût venir jusqu'ici braver un malheureux?

POLYEUCTE.

Vous traitez mal, Pauline, un si rare mérite;
A ma seule prière il rend cette visite.
Je vous ai fait, seigneur, une incivilité
Que vous pardonnerez à ma captivité.
Possesseur d'un trésor dont je n'étois pas digne,
Souffrez avant m'a mort que je vous le résigne,
Et laisse la vertu la plus rare à nos yeux
Qu'une femme jamais put recevoir des cieux
Aux mains du plus vaillant et du plus honnête homme

Qu'ait adoré la terre et qu'ait vu naître Rome.
Vous êtes digne d'elle, elle est digne de vous;
Ne la refusez pas de la main d'un époux:
S'il vous a désunis, sa mort vous va rejoindre.
Qu'un feu jadis si beau n'en devienne pas moindre;
Rendez-lui votre cœur, et recevez sa foi;
Vivez heureux ensemble, et mourez comme moi;
C'est le bien qu'à tous deux Polyeucte désire.
Qu'on me mène à la mort, je n'ai plus rien à dire.
Allons, gardes, c'est fait.

SCÈNE V.

SEVÈRE, PAULINE, FABIAN.

SÉVÈRE.

Dans mon étonnement;
Je suis confus pour lui de son aveuglement
Sa résolution a si peu de pareilles
Qu'à peine je me fie encore à mes oreilles.
Un cœur qui vous chérit, (mais quel cœur assez bas
Auroit pu vous connoître et ne vous chérir pas?)
Un homme aimé de vous, sitôt qu'il vous possède,
Sans regret il vous quitte: il fait plus, il vous cède;
Et, comme si vos feux étoient un don fatal,
Il en fait un présent lui-même à son rival!
Certes, ou les chrétiens ont d'étranges manies,
Ou leurs félicités doivent être infinies,
Puisque pour y prétendre ils osent rejeter
Ce que de tout l'empire il faudroit acheter.
Pour moi, si mes destins, un peu plus tôt propices,
Eussent de votre hymen honoré mes services,
Je n'aurois adoré que l'éclat de vos yeux;
J'en aurois fait mes rois, j'en aurois fait mes dieux;

On m'auroit mis en poudre, on m'auroit mis en cendre
Avant que...

PAULINE.

Brisons là, je crains de trop entendre,
Et que cette chaleur, qui sent vos premiers feux,
Ne pousse quelque suite indigne de tous deux.
Sévère, connoissez Pauline tout entière.
Mon Polyeucte touche à son heure dernière;
Pour achever de vivre il n'a plus qu'un moment;
Vous en êtes la cause, encor qu'innocemment.
Je ne sais si votre ame, à vos désirs ouverte,
Auroit osé former quelque espoir sur sa perte;
Mais sachez qu'il n'est point de si cruels trépas
Où d'un front assuré je ne porte mes pas,
Qu'il n'est point aux enfers d'horreurs que je n'endure
Plutôt que de souiller une gloire si pure,
Que d'épouser un homme, après son triste sort,
Qui de quelque façon soit cause de sa mort:
Et, si vous me croyiez d'une ame si peu saine,
L'amour que j'eus pour vous tourneroit tout en haine.
Vous êtes généreux, soyez-le jusqu'au bout:
Mon père est en état de vous accorder tout.
Il vous craint; et j'avance encor cette parole,
Que s'il perd mon époux c'est à vous qu'il l'immole.
Sauvez ce malheureux, employez-vous pour lui,
Faites-vous un effort pour lui servir d'appui.
Je sais que c'est beaucoup que ce que je demande;
Mais plus l'effort est grand, plus la gloire en est grande.
Conserver un rival dont vous êtes jaloux
C'est un trait de vertu qui n'appartient qu'à vous;
Et si ce n'est assez de votre renommée,
C'est beaucoup qu'une femme autrefois tant aimée,
Et dont l'amour peut-être encor vous peut toucher,
Doive à votre grand cœur ce qu'elle a de plus cher:
Souvenez-vous enfin que vous êtes Sévère.

Adieu. Résolvez seul ce que vous devez faire :
Si vous n'êtes pas tel que je l'ose espérer,
Pour vous priser encor je le veux ignorer.

SCÈNE VI.

SÉVÈRE, FABIAN.

SÉVÈRE.

Qu'est ceci, Fabian? quel nouveau coup de foudre
Tombe sur mon bonheur et le réduit en poudre !
Plus je l'estime près, plus il est éloigné;
Je trouve tout perdu quand je crois tout gagné;
Et toujours la fortune, à me nuire obstinée,
Tranche mon espérance aussitôt qu'elle est née.
Avant qu'offrir des vœux je reçois des refus :
Toujours triste, toujours et honteux et confus
De voir que lâchement elle ait osé renaître,
Qu'encor plus lâchement elle ait osé paraître,
Et qu'une femme enfin dans la calamité
Me fasse des leçons de générosité.
Votre belle ame est haute autant que malheureuse;
Mais elle est inhumaine autant que généreuse,
Pauline ; et vos douleurs avec trop de rigueur
D'un amant tout à vous tyrannisent le cœur.
C'est donc peu de vous perdre, il faut que je vous donne,
Que je serve un rival lorsqu'il vous abandonne,
Et que, par un cruel et généreux effort,
Pour vous rendre en ses mains je l'arrache à la mort.

FABIAN.

Laissez à son destin cette ingrate famille ;
Qu'il accorde s'il veut le père avec la fille,
Polyeucte et Félix, l'épouse avec l'époux :
D'un si cruel effort quel prix espérez-vous?

SÉVÈRE.

La gloire de montrer à cette âme si belle
Que Sévère l'égale, et qu'il est digne d'elle;
Qu'elle m'étoit bien due, et que l'ordre des cieux
En me la refusant m'est trop injurieux.

FABIAN.

Sans accuser le sort ni le ciel d'injustice,
Prenez garde au péril qui suit un tel service;
Vous hasardez beaucoup, seigneur, pensez-y bien.
Quoi ! vous entreprenez de sauver un chrétien !
Pouvez-vous ignorer pour cette secte impie
Quelle est et fut toujours la haine de Décie ?
C'est un crime vers lui si grand, si capital
Qu'à votre faveur même il peut être fatal.

SÉVÈRE.

Cet avis seroit bon pour quelque âme commune.
S'il tient entre ses mains ma vie et ma fortune,
Je suis encor Sévère, et tout ce grand pouvoir
Ne peut rien sur ma gloire, et rien sur mon devoir.
Ici l'honneur m'oblige, et j'y veux satisfaire;
Qu'après le sort se montre ou propice ou contraire,
Comme son naturel est toujours inconstant,
Périssant glorieux je périrai content.
Je te dirai bien plus, mais avec confidence,
La secte des chrétiens n'est pas ce que l'on pense:
On les hait; la raison, je ne la connois point;
Et je ne vois Décie injuste qu'en ce point.
Par curiosité j'ai voulu les connoître:
On les tient pour sorciers dont l'enfer est le maître,
Et sur cette croyance on punit du trépas
Des mystères secrets que nous n'entendons pas.
Mais Cérès Eleusine et la bonne déesse
Ont leurs secrets comme eux à Rome et dans la Grèce;
Encore impunément nous souffrons en tous lieux,

Leur dieu seul excepté, toute sorte de dieux:
Tous les monstres d'Egypte ont leur temple dans Rome;
Nos aïeux à leur gré faisoient un dieu d'un homme,
Et, leur sang parmi nous conservant leurs erreurs,
Nous remplissons le ciel de tous nos empereurs.
Mais, à parler sans fard de tant d'apothéoses,
L'effet est bien douteux de ces métamorphoses.
Les chrétiens n'ont qu'un Dieu, maître absolu de tout,
De qui le seul vouloir fait tout ce qu'il résout;
Mais, si j'ose entre nous dire ce qui me semble,
Les nôtres bien souvent s'accordent mal ensemble;
Et, me dût leur colère écraser à tes yeux,
Nous en avons beaucoup pour être de vrais dieux.
Peut-être qu'après tout ces croyances publiques
Ne sont qu'inventions de sages politiques
Pour contenir un peuple ou bien pour l'émouvoir,
Et dessus sa foiblesse affermir leur pouvoir.
Enfin chez les chrétiens les mœurs sont innocentes,
Les vices détestés, les vertus florissantes;
Jamais un adultère, un traître, un assassin;
Jamais d'ivrognerie, et jamais de larcin.
Ce n'est qu'amour entre eux, que charité sincère;
Chacun y chérit l'autre, et le secourt en frère:
Ils font des vœux pour nous, qui les persécutons.
Et depuis tant de temps que nous les tourmentons
Les a-t-on vus mutins? les a-t-on vus rebelles?
Nos princes ont-ils eu des soldats plus fidèles?
Furieux dans la guerre, ils souffrent nos bourreaux,
Et, lions au combat, ils meurent en agneaux.
J'ai trop de pitié d'eux pour ne les pas défendre.
Allons trouver Félix, commençons par son gendre;
Et contentons ainsi d'une seule action,
Et Pauline, et ma gloire, et ma compassion

ACTE CINQUIÈME.

SCÈNE I.

FELIX, ALBIN, CLÉON.

FÉLIX.

Albin, as-tu bien vu la fourbe de Sévère?
As-tu bien vu sa haine? et vois-tu ma misère?

ALBIN.

Je n'ai vu rien en lui qu'un rival généreux,
Et ne vois rien en vous qu'un père rigoureux.

FÉLIX.

Que tu discernes mal le cœur d'avec la mine!
Dans l'ame il hait Félix, et dédaigne Pauline;
Et, s'il l'aima jadis, il estime aujourd'hui
Les restes d'un rival trop indignes de lui.
Il parle en sa faveur, il me prie, il menace,
Et me perdra, dit-il, si je ne lui fais grâce;
Tranchant du généreux, il croit m'épouvanter.
L'artifice est trop lourd pour ne pas l'éventer.
Je sais des gens de cour quelle est la politique;
J'en connois mieux que lui la plus fine pratique.
C'est en vain qu'il tempête, et feint d'être en fureur,
Je vois ce qu'il prétend auprès de l'empereur.
De ce qu'il me demande il m'y feroit un crime;
Epargnant son rival, je serois sa victime;
Et s'il avoit à faire à quelque maladroit,
Le piége est bien tendu, sans doute il le perdroit.
Mais un vieux courtisan est un peu moins crédule;

Il voit quand on le joue et quand on dissimule ;
Et moi j'en ai tant vu de toutes les façons
Qu'à lui-même au besoin j'en ferois des leçons.

ALBIN.

Dieux ! que vous vous gênez par cette défiance !

FÉLIX.

Pour subsister en cour c'est la haute science.
Quand un homme une fois a droit de vous haïr
Nous devons présumer qu'il cherche à nous trahir ;
Toute son amitié nous doit être suspecte.
Si Polyeucte enfin n'abandonne sa secte,
Quoi que son protecteur ait pour lui dans l'esprit,
Je suivrai hautement l'ordre qui m'est prescrit.

ALBIN.

Grâce, grâce, seigneur ! que Pauline l'obtienne !

FÉLIX.

Celle de l'empereur ne suivroit pas la mienne,
Et, loin de le tirer de ce pas hasardeux,
Ma bonté ne feroit que nous perdre tous deux.

ALBIN.

Mais Sévère promet...

FÉLIX.

Albin, je m'en défie,
Et connois mieux que lui la haine de Décie :
En faveur des chrétiens s'il choquoit son courroux,
Lui-même assurément se perdroit avec nous.
Je veux tenter pourtant encore une autre voie.

(A Cléon.)

Amenez Polyeucte ; et si je le renvoie,
S'il demeure insensible à ce dernier effort,
Au sortir de ce lieu qu'on lui donne la mort.

ALBIN.

Votre ordre est rigoureux.

FÉLIX.

Il faut que je le suive
Si je veux empêcher qu'un désordre n'arrive.
Je vois le peuple ému pour prendre son parti,
Et toi-même tantôt tu m'en as averti.
Dans ce zèle pour lui qu'il fait déjà paroître
Je ne sais si long-temps j'en pourrois être maître.
Peut-être dès demain, dès la nuit, dès ce soir
J'en verrois des effets que je ne veux pas voir ;
Et Sévère aussitôt courant à sa vengeance
M'iroit calomnier de quelque intelligence.
Il faut rompre ce coup, qui me seroit fatal.

ALBIN.

Que tant de prévoyance est un étrange mal !
Tout vous nuit, tout vous perd, tout vous fait de l'ombrage;
Mais voyez que sa mort mettra ce peuple en rage,
Que c'est mal le guérir que le désespérer.

FÉLIX.

En vain après sa mort il voudra murmurer ;
Et, s'il ose venir à quelque violence,
C'est à faire à céder deux jours à l'insolence :
J'aurai fait mon devoir, quoi qu'il puisse arriver.
Mais Polyeucte vient, tâchons à le sauver.
Soldats, retirez-vous, et gardez bien la porte.

SCÈNE II.

FELIX, POLYEUCTE, ALBIN.

FÉLIX.

As-tu donc pour la vie une haine si forte,
Malheureux Polyeucte ? et la loi des chrétiens
T'ordonne-t-elle ainsi d'abandonner les tiens?

POLYEUCTE.

Je ne hais point la vie, et j'en aime l'usage,
Mais sans attachement qui sente l'esclavage,
Toujours prêt à la rendre au Dieu dont je la tiens;
La raison me l'ordonne et la loi des chrétiens,
Et je vous montre à tous par là comme il faut vivre
Si vous avez le cœur assez bon pour me suivre.

FÉLIX.

Te suivre dans l'abîme où tu te veux jeter?

POLYEUCTE.

Mais plutôt dans la gloire où je m'en vais monter.

FÉLIX.

Donne-moi pour le moins le temps de la connoître;
Pour me faire chrétien sers-moi de guide à l'être,
Et ne dédaigne pas de m'instruire en ta foi,
Ou toi-même à ton Dieu tu répondras de moi.

POLYEUCTE.

N'en riez point, Félix, il sera votre juge;
Vous ne trouverez point devant lui de refuge:
Les rois et les bergers y sont d'un même rang.
De tous les siens sur vous il vengera le sang.

FÉLIX.

Je n'en répandrai plus, et, quoi qu'il en arrive,
Dans la foi des chrétiens je souffrirai qu'on vive;
J'en serai protecteur.

POLYEUCTE.

Non, non, persécutez,
Et soyez l'instrument de nos félicités.
Celle d'un vrai chrétien n'est que dans les souffrances;
Les plus cruels tourmens lui sont des récompenses.
Dieu, qui rend le centuple aux bonnes actions,
Pour comble donne encor les persécutions.
Mais ces secrets pour vous sont fâcheux à comprendre;
Ce n'est qu'à ses élus que Dieu se fait entendre.

FÉLIX.

Je te parle sans fard, et veux être chrétien.

POLYEUCTE.

Qui peut donc retarder l'effet d'un si grand bien ?

FÉLIX.

La présence importune...

POLYEUCTE.

Et de qui? de Sévère?

FÉLIX.

Pour lui seul contre toi j'ai feint tant de colère :
Dissimule un moment jusques à son départ.

POLYEUCTE.

Félix, c'est donc ainsi que vous parlez sans fard ?
Portez à vos païens, portez à vos idoles
Le sucre empoisonné que sèment vos paroles.
Un chrétien ne craint rien, ne dissimule rien;
Aux yeux de tout le monde il est toujours chrétien.

FÉLIX.

Ce zèle de ta foi ne sert qu'à te séduire
Si tu cours à la mort plutôt que de m'instruire.

POLYEUCTE.

Je vous en parlerois ici hors de saison ;
Elle est un don du ciel, et non de la raison,
Et c'est là que bientôt, voyant Dieu face à face,
Plus aisément pour vous j'obtiendrai cette grâce.

FÉLIX.

Ta perte cependant me va désespérer.

POLYEUCTE.

Vous avez en vos mains de quoi la réparer ;
En vous ôtant un gendre on vous en donne un autre
Dont la condition répond mieux à la vôtre.
Ma perte n'est pour vous qu'un change avantageux.

FÉLIX.

Cesse de me tenir un discours outrageux.

Je t'ai considéré plus que tu ne mérites ;
Mais malgré ma bonté, qui croît plus tu l'irrites,
Cette insolence enfin te rendroit odieux,
Et je me vengerois aussi bien que nos dieux.

POLYEUCTE.

Quoi ! vous changez bientôt d'humeur et de langage !
Le zèle de vos dieux rentre en votre courage !
Celui d'être chrétien s'échappe, et par hasard
Je vous viens d'obliger à me parler sans fard.

FÉLIX.

Va, ne présume pas que, quoi que je te jure,
De tes nouveaux docteurs je suive l'imposture.
Je flattois ta manie afin de t'arracher
Du honteux précipice où tu vas trébucher ;
Je voulois gagner temps pour ménager ta vie
Après l'éloignement d'un flatteur de Décie ;
Mais j'ai fait trop d'injure à nos dieux tout puissans ;
Choisis de leur donner ton sang ou de l'encens.

POLYEUCTE.

Mon choix n'est point douteux. Mais j'aperçois Pauline.
O ciel !

SCENE III.

FELIX, POLYEUCTE, PAULINE, ALBIN.

PAULINE.

Qui de vous deux aujourd'hui m'assassine ?
Sont-ce tous deux ensemble, ou chacun à son tour ?
Ne pourrai-je fléchir la nature ou l'amour ?
Et n'obtiendrai-je rien d'un époux ni d'un père ?

FÉLIX.

Parlez à votre époux.

POLYEUCTE.

Vivez avec Sévère.

PAULINE.

Tigre, assassine-moi du moins sans m'outrager.

POLYEUCTE.

Mon amour par pitié cherche à vous soulager;
Il voit quelle douleur dans l'ame vous possède,
Et sait qu'un autre amour en est le seul remède.
Puisqu'un si grand mérite a pu vous enflammer,
Sa présence toujours a droit de vous charmer:
Vous l'aimiez, il vous aime, et sa gloire augmentée.

PAULINE.

Que t'ai-je fait, cruel! pour être ainsi traitée,
Et pour me reprocher, au mépris de ma foi,
Un amour si puissant que j'ai vaincu pour toi?
Vois, pour te faire vaincre un si fort adversaire,
Quels efforts à moi-même il a fallu me faire,
Quels combats j'ai donnés pour te donner un cœur
Si justement acquis à son premier vainqueur;
Et, si l'ingratitude en ton cœur ne domine,
Fais quelque effort sur toi pour te rendre à Pauline.
Apprends d'elle à forcer ton propre sentiment,
Prends sa vertu pour guide en ton aveuglement,
Souffre que de toi-même elle obtienne ta vie
Pour vivre sous tes lois à jamais asservie.
Si tu peux rejeter de si justes désirs,
Regarde au moins ses pleurs, écoute ses soupirs;
Ne désespère pas une ame qui t'adore.

POLYEUCTE.

Je vous l'ai déjà dit, et vous le dis encore,
Vivez avec Sévère, ou mourez avec moi.
Je ne méprise point vos pleurs ni votre foi;
Mais de quoi que pour vous notre amour m'entretienne,
Je ne vous connois plus si vous n'êtes chrétienne.

C'en est assez; Félix, reprenez ce courroux,
Et sur cet insolent vengez vos dieux et vous.

PAULINE.

Ah! mon père, son crime à peine est pardonnable;
Mais s'il est insensé vous êtes raisonnable:
La nature est trop forte, et ses aimables traits
Imprimés dans le sang ne s'effacent jamais;
Un père est toujours père, et sur cette assurance
J'ose appuyer encore un reste d'espérance.
Jetez sur votre fille un regard paternel;
Ma mort suivra la mort de ce cher criminel,
Et les dieux trouveront sa peine illégitime,
Puisqu'elle confondra l'innocence et le crime,
Et qu'elle changera par ce redoublement
En injuste rigueur un juste châtiment.
Nos destins par vos mains rendus inséparables
Nous doivent rendre heureux ensemble ou misérables;
Et vous seriez cruel jusques au dernier point
Si vous désunissiez ce que vous avez joint.
Un cœur à l'autre uni jamais ne se retire,
Et pour l'en séparer il faut qu'on le déchire.
Mais vous êtes sensible à mes justes douleurs,
Et d'un œil paternel vous regardez mes pleurs.

FÉLIX.

Oui, ma fille, il est vrai qu'un père est toujours père:
Rien n'en peut effacer le sacré caractère;
Je porte un cœur sensible, et vous l'avez percé.
Je me joins avec vous contre cet insensé.
Malheureux Polyeucte, es-tu seul insensible?
Et veux-tu rendre seul ton crime irrémissible?
Peux-tu voir tant de pleurs d'un œil si détaché?
Peux-tu voir tant d'amour sans en être touché?
Ne reconnois-tu plus ni beau-père ni femme,
Sans amitié pour l'un, et pour l'autre sans flamme?

Pour reprendre les noms et de gendre et d'époux
Veux-tu nous voir tous deux embrasser tes genoux?

POLYEUCTE.

Que tout cet artifice est de mauvaise grâce!
Après avoir deux fois essayé la menace,
Après m'avoir fait voir Néarque dans la mort,
Après avoir tenté l'amour et son effort,
Après m'avoir montré cette soif du baptême,
Pour opposer à Dieu l'intérêt de Dieu même,
Vous vous joignez ensemble! Ah! ruses de l'enfer!
Faut-il tant de fois vaincre avant que triompher!
Vos résolutions usent trop de remise,
Prenez la vôtre enfin, puisque la mienne est prise.
Je n'adore qu'un Dieu, maître de l'univers,
Sous qui tremblent le ciel, la terre et les enfers;
Un Dieu qui nous aimant d'une amour infinie
Voulut mourir pour nous avec ignominie,
Et qui par un effort de cet excès d'amour
Veut pour nous en victime être offert chaque jour.
Mais j'ai tort d'en parler à qui ne peut m'entendre.
Voyez l'aveugle erreur que vous osez défendre:
Des crimes les plus noirs vous souillez tous vos dieux;
Vous n'en punissez point qui n'ait son maître aux cieux
La prostitution, l'adultère, l'inceste,
Le vol, l'assassinat et tout ce qu'on déteste,
C'est l'exemple qu'à suivre offrent vos immortels.
J'ai profané leur temple et brisé leurs autels;
Je le ferois encor si j'avois à le faire,
Même aux yeux de Félix, même aux yeux de Sévère,
Même aux yeux du sénat, aux yeux de l'empereur.

FÉLIX.

Enfin ma bonté cède à ma juste fureur:
Adore-les, ou meurs.

POLYEUCTE.

Je suis chrétien.

FELIX.

Impie!

Adore-les, te dis-je, ou renonce à la vie.

POLYEUCTE.

Je suis chrétien.

FELIX.

Tu l'es? O cœur trop obstiné!...

Soldats, exécutez l'ordre que j'ai donné.

PAULINE.

Où le conduisez-vous?

FELIX.

A la mort.

POLYEUCTE.

A la gloire.

Chère Pauline, adieu; conservez ma mémoire.

PAULINE.

Je te suivrai partout, et mourrai si tu meurs.

POLYEUCTE.

Ne suivez point mes pas, ou quittez vos erreurs.

FELIX.

Qu'on l'ôte de mes yeux, et que l'on m'obéisse.
Puisqu'il aime à périr, je consens qu'il périsse.

SCÈNE IV.

FÉLIX, ALBIN.

FELIX.

Je me fais violence, Albin, mais je l'ai dû;
Ma bonté naturelle aisément m'eût perdu.
Que la rage du peuple à présent se déploie,
Que Sévère en fureur tonne, éclate, foudroie,

M'étant fait cet effort, j'ai fait ma sûreté.
Mais n'es-tu point surpris de cette dureté?
Vois-tu comme le sien des cœurs impénétrables,
Ou des impiétés à ce point exécrables?
Du moins j'ai satisfait mon esprit affligé :
Pour amollir son cœur je n'ai rien négligé,
J'ai feint même à ses yeux des lâchetés extrêmes;
Et certes sans l'horreur de ses derniers blasphèmes,
Qui m'ont rempli soudain de colère et d'effroi,
J'aurois eu de la peine à triompher de moi.

ALBIN.

Vous maudirez peut-être un jour cette victoire,
Qui tient je ne sais quoi d'une action trop noire,
Indigne de Félix, indigne d'un Romain,
Répandant votre sang par votre propre main.

FELIX.

Ainsi l'ont autrefois versé Brute et Manlie;
Mais leur gloire en a crû, loin d'en être affoiblie;
Et quand nos vieux héros avoient de mauvais sang,
Ils eussent pour le perdre ouvert leur propre flanc.

ALBIN.

Votre ardeur vous séduit; mais, quoi qu'elle vous die,
Quand vous la sentirez une fois refroidie,
Quand vous verrez Pauline, et que son désespoir
Par ses pleurs et ses cris saura vous émouvoir....

FÉLIX.

Tu me fais souvenir qu'elle a suivi ce traître,
Et que ce désespoir qu'elle fera paroître
De mes commandemens pourra troubler l'effet.
Va donc, cours y mettre ordre et voir ce qu'elle fait;
Romps ce que ses douleurs y donneroient d'obstacle;
Tire-la, si tu peux, de ce triste spectacle;
Tâche à la consoler. Va donc; qui te retient?

ALBIN.

Il n'en est pas besoin, seigneur, elle revient.

SCÈNE V.

FÉLIX, PAULINE, ALBIN.

PAULINE.

Père barbare, achève, achève, ton ouvrage :
Cette seconde hostie est digne de ta rage :
Joins ta fille à ton gendre ; ose, que tardes-tu ?
Tu vois le même crime, ou la même vertu :
Ta barbarie en elle a les mêmes matières.
Mon époux en mourant m'a laissé ses lumières ;
Son sang, dont tes bourreaux viennent de me couvrir,
M'a dessillé les yeux, et me les vient d'ouvrir.
Je vois, je sais, je crois, je suis désabusée ;
De ce bienheureux sang tu me vois baptisée ;
Je suis chrétienne enfin, n'est-ce point assez dit ?
Conserve en me perdant ton rang et ton crédit,
Redoute l'empereur, apprébende Sévère ;
Si tu ne veux périr, ma perte est nécessaire.
Polyeucte m'appelle à cet heureux trépas,
Je vois Néarque et lui qui me tendent les bras.
Mène, mène-moi voir tes dieux que je déteste ;
Ils n'en ont brisé qu'un, je briserai le reste.
On m'y verra braver tout ce que vous craignez,
Ces foudres impuissans qu'en leurs mains vous peignez ;
Et, saintement rebelle aux lois de la naissance,
Une fois envers toi manquer d'obéissance.
Ce n'est point ma douleur que par là je fais voir,
C'est la grâce qui parle et non le désespoir.
Le faut-il dire encor ? Félix, je suis chrétienne.
Affermis par ma mort ta fortune et la mienne ;

Le coup à l'un et l'autre en sera précieux,
Puisqu'il t'assure en terre en m'élevant aux cieux.

SCÈNE VI.

FÉLIX, SÉVÈRE, PAULINE, ALBIN, FABIAN.

SÉVÈRE.

Père dénaturé, malheureux politique,
Esclave ambitieux d'une peur chimérique,
Polyeucte est donc mort ! et par vos cruautés
Vous pensez conserver vos tristes dignités !
La faveur que pour lui je vous avois offerte,
Au lieu de le sauver précipite sa perte !
J'ai prié, menacé, mais sans vous émouvoir;
Et vous m'avez cru fourbe ou de peu de pouvoir !
Eh bien ! à vos dépens vous verrez que Sévère
Ne se vante jamais que de ce qu'il peut faire ;
Et par votre ruine il vous fera juger
Que qui peut bien vous perdre eût pu vous protéger.
Continuez aux dieux ce service fidèle,
Par de telles horreurs montrez-leur votre zèle.
Adieu, mais quand l'orage éclatera sur vous
Ne doutez point du bras dont partiront les coups.

FÉLIX.

Arrêtez-vous, seigneur, et d'une ame apaisée
Souffrez que je vous livre une vengeance aisée.
Ne me reprochez plus que par mes cruautés
Je tâche à conserver mes tristes dignités ;
Je dépose à vos pieds l'éclat de leur faux lustre :
Celle où j'ose aspirer est d'un rang plus illustre ;
Je m'y trouve forcé par un secret appas ;
Je cède à des transports que je ne connois pas,

Et, par un mouvement que je ne puis entendre,
De ma fureur je passe au zèle de mon gendre:
C'est lui, n'en doutez point, dont le sang innocent
Pour son persécuteur prie un Dieu tout puissant.
Son amour épandu sur toute la famille
Tire après lui le père aussi bien que la fille.
J'en ai fait un martyr, sa mort me fait chrétien;
J'ai fait tout son bonheur, il veut faire le mien.
C'est ainsi qu'un chrétien se venge et se courrouce:
Heureuse cruauté dont la suite est si douce!
Donne la main, Pauline. Apportez des liens,
Immolez à vos dieux ces deux nouveaux chrétiens:
Je le suis, elle l'est, suivez votre colère.

PAULINE.

Qu'heureusement enfin je retrouve mon père!
Cet heureux changement rend mon bonheur parfait.

FÉLIX.

Ma fille, il n'appartient qu'à la main qui le fait.

SEVÈRE.

Qui ne seroit touché d'un si tendre spectacle!
De pareils changemens ne vont point sans miracle.
Sans doute vos chrétiens, qu'on persécute en vain,
Ont quelque chose en eux qui surpasse l'humain;
Ils mènent une vie avec tant d'innocence
Que le ciel leur en doit quelque reconnoissance:
Se relever plus forts, plus ils sont abattus,
N'est pas aussi l'effet des communes vertus.
Je les aimai toujours, quoi qu'on m'en ait pu dire;
Je n'en vois point mourir que mon cœur n'en soupire,
Et peut-être qu'un jour je les connoîtrai mieux.
J'approuve cependant que chacun ait ses dieux,
Qu'il les serve à sa mode et sans peur de la peine.
Si vous êtes chrétien, ne craignez plus ma haine;
Je les aime, Félix, et de leur protecteur

Je n'en veux pas sur vous faire un persécuteur.
Gardez votre pouvoir, reprenez-en la marque ;
Servez bien votre Dieu, servez notre monarque.
Je perdrai mon crédit envers sa majesté,
Ou vous verrez finir cette sévérité :
Par cette injuste haine il se fait trop d'outrage.

FELIX.

Daigne le ciel en vous achever son ouvrage,
Et, pour vous rendre un jour ce que vous méritez,
Vous inspirer bientôt toutes ses vérités !
Nous autres, bénissons notre heureuse aventure ;
Allons à nos martyrs donner la sépulture,
Baiser leurs corps sacrés, les mettre en digne lieu,
Et faire retentir partout le nom de Dieu.

FIN DE POLYEUCTE.

LE MENTEUR,

COMÉDIE.

(1642.)

PERSONNAGES.

Géronte, père de Dorante.
Dorante, fils de Géronte.
Alcippe, ami de Dorante et amant de Clarice.
Philiste, ami de Dorante et d'Alcippe.
Clarice, maîtresse d'Alcippe.
Lucrèce, ami de Clarice.
Isabelle, suivante de Clarice.
Sabine, femme de chambre de Lucrèce.
Cliton, valet de Dorante.
Lycas, valet d'Alcippe.

La scène est à Paris.

LE MENTEUR.

ACTE PREMIER.

SCÈNE I.

DORANTE, CLITON.

DORANTE.

A la fin j'ai quitté la robe pour l'épée :
L'attente où j'ai vécu n'a point été trompée ;
Mon père a consenti que je suive mon choix,
Et je fais banqueroute à ce fatras de lois.
Mais puisque nous voici dedans les Tuileries,
Le pays du beau monde et des galanteries,
Dis-moi, me trouves-tu bien fait en cavalier?
Ne vois-tu rien en moi qui sente l'écolier?
Comme il est malaisé qu'au royaume du code
On apprenne à se faire un visage à la mode,
J'ai lieu d'appréhender...

CLITON.

Ne craignez rien pour vous ;
Vous ferez en une heure ici mille jaloux.
Ce visage et ce port n'ont point l'air de l'école,
Et jamais comme vous on ne peignit Barthole :
Je prévois du malheur pour beaucoup de maris.
Mais que vous semble encor maintenant de Paris?

DORANTE.

J'en trouve l'air bien doux, et cette loi bien rude
Qui m'en avoit banni sous prétexte d'étude.

Toi qui sais les moyens de s'y bien divertir,
Ayant eu le bonheur de n'en jamais sortir,
Dis-moi comme en ce lieu l'on gouverne les dames.

CLITON.

C'est là le plus beau soin qui vienne aux belles ames,
Disent les beaux esprits. Mais, sans faire le fin,
Vous avez l'appétit ouvert de bon matin !
D'hier au soir seulement vous êtes dans la ville,
Et vous vous ennuyez déjà d'être inutile !
Votre honneur sans emploi ne peut passer un jour !
Et déjà vous cherchez à pratiquer l'amour !
Je suis auprès de vous en fort bonne posture
De passer pour un homme à donner tablature;
J'ai la taille d'un maître en ce noble métier,
Et je suis tout au moins l'intendant du quartier.

DORANTE.

Ne t'effarouche point : je ne cherche, à vrai dire,
Que quelque connoissance où l'on se plaise à rire,
Qu'on puisse visiter par divertissement,
Où l'on puisse en douceur couler quelque moment.
Pour me connoître mal, tu prends mon sens à gauche.

CLITON.

J'entends, vous n'êtes pas un homme de débauche,
Et tenez celles-là trop indignes de vous
Que le son d'un écu rend traitables pour tous.
Aussi que vous cherchiez de ces sages coquettes
Où peuvent tous venans débiter leurs fleurettes,
Mais qui ne font l'amour que de babil et d'yeux,
Vous êtes d'encolure à vouloir un peu mieux.
Loin de passer son temps, chacun le perd chez elles;
Et le jeu, comme on dit, n'en vaut pas les chandelles.
Mais ce seroit pour vous un bonheur sans égal
Que ces femmes de bien qui se gouvernent mal,
Et de qui la vertu, quand on leur fait service,

N'est pas incompatible avec un peu de vice.
Vous en verrez ici de toutes les façons.
Ne me demandez point cependant de leçons :
Ou je me connois mal à voir votre visage,
Ou vous n'en êtes pas à votre apprentissage ;
Vos lois ne régloient pas si bien tous vos desseins,
Que vous eussiez toujours un portefeuille aux mains.

DORANTE.

A ne rien déguiser, Cliton, je te confesse
Qu'à Poitiers j'ai vécu comme vit la jeunesse ;
J'étois en ces lieux-là de beaucoup de métiers ;
Mais Paris, après tout, est bien loin de Poitiers.
Le climat différent veut une autre méthode ;
Ce qu'on admire ailleurs est ici hors de mode ;
La diverse façon d. parler et d'agir
Donne aux nouveaux venus souvent de quoi rougir.
Chez les provinciaux on prend ce qu'on rencontre ;
Et là, faute de mieux, un sot passe à la montre ;
Mais il faut à Paris bien d'autres qualités :
On ne s'éblouit point de ces fausses clartés,
Et tant d'honnêtes gens que l'on y voit ensemble
Font qu'on est mal reçu si l'on ne leur ressemble.

CLITON.

Connoissez mieux Paris puisque vous en parlez.
Paris est un grand lieu plein de marchands mêlés :
L'effet n'y répond pas toujours à l'apparence ;
On s'y laisse duper autant qu'en lieu de France,
Et parmi tant d'esprits plus polis et meilleurs
Il y croît des badauds autant et plus qu'ailleurs.
Dans la confusion que ce grand monde apporte
Il y vient de tous lieux des gens de toute sorte ;
Et dans toute la France il est fort peu d'endroits
Dont il n'ait le rebut aussi bien que le choix.
Comme on s'y connoît mal, chacun s'y fait de mise,
Et vaut communément autant comme il se prise :

De bien pires que vous s'y font assez valoir.
Mais, pour venir au point que vous voulez savoir,
Etes-vous libéral?

DORANTE.

Je ne suis point avare.

CLITON.

C'est un secret d'amour et bien grand et bien rare;
Mais il faut de l'adresse à le bien débiter,
Autrement on s'y perd au lieu d'en profiter.
Tel donne à pleines mains qui n'oblige personne:
La façon de donner vaut mieux que ce qu'on donne.
L'un perd exprès au jeu son présent déguisé,
L'autre oublie un bijou qu'on auroit refusé.
Un lourdaud libéral auprès d'une maîtresse
Semble donner l'aumône alors qu'il fait largesse;
Et d'un tel contretemps il fait tout ce qu'il fait
Que quand il tâche à plaire il offense en effet.

DORANTE.

Laissons là ces lourdauds contre qui tu déclames,
Et me dis seulement si tu connois ces dames.

CLITON.

Non, cette marchandise est de trop bonne aloi;
Ce n'est point là gibier à des gens comme moi.
Il est aisé pourtant d'en savoir des nouvelles,
Et bientôt leur cocher m'en dira des plus belles.

DORANTE.

Penses-tu qu'il t'en die?

CLITON.

Assez pour en mourir:
Puisque c'est un cocher il aime à discourir.

SCÈNE II.

DORANTE, CLARICE, LUCRÈCE, ISABELLE.

CLARICE faisant un faux pas, et comme se laissant choir.

Hai!

DORANTE lui donnant la main.

Ce malheur me rend un favorable office
Puisqu'il me donne lieu de ce petit service;
Et c'est pour moi, madame, un bonheur souverain
Que cette occasion de vous donner la main.

CLARICE.

L'occasion ici fort peu vous favorise,
Et ce foible bonheur ne vaut pas qu'on le prise.

DORANTE.

Il est vrai, je le dois tout entier au hasard;
Mes soins ni vos désirs n'y prennent point de part,
Et sa douceur mêlée avec cette amertume
Ne me rend pas le sort plus doux que de coutume,
Puisque enfin ce bonheur que j'ai si fort prisé
A mon peu de mérite eût été refusé.

CLARICE.

S'il a perdu sitôt ce qui pouvoit vous plaire,
Je veux être à mon tour d'un sentiment contraire,
Et crois qu'on peut trouver plus de facilité
A posséder un bien sans l'avoir mérité.
J'estime plus un don qu'une reconnoissance :
Qui nous donne fait plus que qui nous récompense,
Et le plus grand bonheur au mérite rendu
Ne fait que nous payer de ce qui nous est dû.
La faveur qu'on mérite est toujours achetée,
L'heur en croît d'autant plus moins elle est méritée,
Et le bien où sans peine elle fait parvenir

Par le mérite à peine auroit pu s'obtenir.

DORANTE.

Aussi ne croyez pas que jamais je prétende
Obtenir par mérite une faveur si grande ;
J'en sais mieux le haut prix, et mon cœur amoureux,
Moins il s'en connoît digne, et plus s'en tient heureux.
On me l'a pu toujours dénier sans injure;
Et si la recevant ce cœur même en murmure,
Il se plaint du malheur de ses félicités
Que le hasard lui donne et non nos volontés.
Un amant a fort peu de quoi se satisfaire
Des faveurs qu'on lui fait sans dessein de les faire :
Comme l'intention seule en forme le prix,
Assez souvent sans elle on les joint aux mépris.
Jugez par là quel bien peut recevoir ma flamme
D'une main qu'on me donne en me refusant l'ame.
Je la tiens, je la touche, et je la touche en vain
Si je ne puis toucher le cœur avec la main.

CLARICE.

Cette flamme, monsieur, est pour moi fort nouvelle,
Puisque j'en viens de voir la première étincelle.
Si votre cœur ainsi s'embrase en un moment
Le mien ne sut jamais brûler si promptement :
Mais peut-être à présent que j'en suis avertie
Le temps donnera place à plus de sympathie.
Confessez cependant qu'à tort vous murmurez
Du mépris de vos feux que j'avois ignorés.

SCÈNE III.

DORANTE, CLARICE, LUCRÈCE, ISABELLE, CLITON.

DORANTE.

C'est l'effet du malheur qui partout m'accompagne.
Depuis que j'ai quitté les guerres d'Allemagne,
C'est à dire du moins depuis un an entier,
Je suis et jour et nuit dedans votre quartier ;
Je vous cherche en tous lieux, au bal, aux promenades
Vous n'avez que de moi reçu des sérénades,
Et je n'ai pu trouver que cette occasion
A vous entretenir de mon affection.

CLARICE.

Quoi! vous avez donc vu l'Allemagne et la guerre?

DORANTE.

Je m'y suis fait quatre ans craindre comme un tonnerr

CLITON.

Que lui va-t-il conter ?

DORANTE.

Et durant ces quatre ans
Il ne s'est fait combats ni siéges importans,
Nos armes n'ont jamais remporté de victoire
Où cette main n'ait eu bonne part à la gloire.
Mes faits par la gazette en tous lieux divulgués...

CLITON le tirant.

Savez-vous bien, monsieur, que vous extravaguez ?

DORANTE.

Tais-toi.

CLITON.

Vous rêvez, dis-je, ou...

DORANTE.

Tais-toi, misérable.

CLITON.

Vous venez de Poitiers, ou je me donne au diable;
Vous en revîntes hier.

DORANTE à Cliton.

Te tairas-tu, maraud?

(A Clarice.)

Mon nom dans nos succès s'étoit mis assez haut
Pour faire quelque bruit, sans beaucoup d'injustice;
Et je suivrois encore un si noble exercice,
N'étoit que l'autre hiver, faisant ici ma cour,
Je vous vis, et je fus retenu par l'amour.
Attaqué par vos yeux, je leur rendis les armes;
Je me fis prisonnier de tant d'aimables charmes;
Je leur livrai mon ame, et ce cœur généreux
Dès ce premier moment oublia tout pour eux.
Vaincre dans les combats, commander dans l'armée,
De mille exploits fameux enfler ma renommée,
Et tous ces nobles soins qui m'avoient su ravir
Cédèrent aussitôt à ceux de vous servir.

ISABELLE à Clarice tout bas.

Madame, Alcippe vient; il aura de l'ombrage.

CLARICE.

Nous en saurons, monsieur, quelque jour davantage:
Adieu.

DORANTE.

Quoi! me priver sitôt de tout mon bien!

CLARICE.

Nous n'avons pas loisir d'un plus long entretien;
Et malgré la douceur de me voir cajolée
Il faut que nous fassions seules deux tours d'allée.

DORANTE.

Cependant accordez à mes vœux innocens

La licence d'aimer des charmes si puissans.

CLARICE.

Un cœur qui veut aimer et qui sait comme on aime
N'en demande jamais licence qu'à soi-même.

SCÈNE IV.

DORANTE, CLITON.

DORANTE.

Suis-les, Cliton.

CLITON.

J'en sais ce qu'on en peut savoir;
La langue du cocher a bien fait son devoir,
« La plus belle des deux, dit-il, est ma maîtresse;
Elle loge à la place, et son nom est Lucrèce. »

DORANTE.

Quelle place?

CLITON.

Royale: et l'autre y loge aussi.
Il n'en sait pas le nom, mais j'en prendrai souci.

DORANTE.

Ne te mets point, Cliton, en peine de l'apprendre:
Celle qui m'a parlé, celle qui m'a su prendre,
C'est Lucrèce, ce l'est sans aucun contredit;
Sa beauté m'en assure, et mon cœur me le dit.

CLITON.

Quoique mon sentiment doive respect au vôtre,
La plus belle des deux je crois que ce soit l'autre.

DORANTE.

Quoi! celle qui s'est tue, et qui dans nos propos
N'a jamais eu l'esprit de mêler quatre mots?

CLITON.

Monsieur, quand une femme a le don de se taire

Elle a des qualités au dessus du vulgaire.
C'est un effort du ciel qu'on a peine à trouver;
Sans un petit miracle il ne peut l'achever,
Et la nature souffre extrême violence
Lorsqu'il en fait d'humeur à garder le silence.
Pour moi, jamais l'amour n'inquiète mes nuits,
Et quand le cœur m'en dit j'en prends par où je puis.
Mais naturellement femme qui se peut taire
A sur moi tel pouvoir et tel droit de me plaire
Qu'eût-elle en vrai magot tout le corps fagoté
Je lui voudrois donner le prix de la beauté.
C'est elle assurément qui s'appelle Lucrèce;
Cherchez un autre nom pour l'objet qui vous blesse.
Ce n'est point là le sien: celle qui n'a dit mot,
Monsieur, c'est la plus belle, ou je ne suis qu'un sot.

DORANTE.

Je t'en crois sans jurer avec tes incartades.
Mais voici les plus chers de mes vieux camarades.
Ils semblent étonnés, à voir leur action.

SCÈNE V.

DORANTE, ALCIPPE, PHILISTE, CLITON.

PHILISTE à Alcippe.

Quoi! sur l'eau la musique et la collation?

ALCIPPE à Philiste.

Oui, la collation, avecque la musique.

PHILISTE à Alcippe.

Hier au soir?

ALCIPPE à Philiste.

Hier au soir.

PHILISTE à Alcippe.

Et belle?

ALCIPPE à Philiste.

Magnifique.

PHILISTE à Alcippe.

Et par qui ?

ALCIPPE à Philiste.

C'est de quoi je suis mal éclairci.

DORANTE les saluant.

Que mon bonheur est grand de vous revoir ici !

ALCIPPE.

Le mien est sans pareil puisque je vous embrasse.

DORANTE.

J'ai rompu vos discours d'assez mauvaise grâce ;
Vous le pardonnerez à l'aise de vous voir.

PHILISTE.

Avec nous de tout temps vous avez tout pouvoir.

DORANTE.

Mais de quoi parliez-vous ?

ALCIPPE.

D'une galanterie.

DORANTE.

D'amour ?

ALCIPPE.

Je le présume.

DORANTE.

Achevez, je vous prie,
Et souffrez qu'à ce mot ma curiosité
Vous demande sa part de cette nouveauté.

ALCIPPE.

On dit qu'on a donné musique à quelque dame.

DORANTE.

Sur l'eau ?

ALCIPPE.

Sur l'eau.

DORANTE.

Souvent l'onde irrite la flamme.

PHILISTE.

Quelquefois.

DORANTE.

Et ce fut hier au soir?

ALCIPPE.

Hier au soir.

DORANTE.

Dans l'ombre de la nuit le feu se fait mieux voir;
Le temps étoit bien pris. Cette dame, elle est belle?

ALCIPPE.

Aux yeux de bien du monde elle passe pour telle.

DORANTE.

Et la musique?

ALCIPPE.

Assez pour n'en rien dédaigner.

DORANTE.

Quelque collation a pu l'accompagner?

ALCIPPE.

On le dit.

DORANTE.

Fort superbe?

ALCIPPE.

Et fort bien ordonnée.

DORANTE.

Et vous ne savez point celui qui l'a donnée?

ALCIPPE.

Vous en riez!

DORANTE.

Je ris de vous voir étonné
D'un divertissement que je me suis donné.

ALCIPPE.

Vous?

DORANTE.

Moi-même.

ALCIPPE.

Et déjà vous avez fait maîtresse?

DORANTE.

Si je n'en avois fait j'aurois bien peu d'adresse,
Moi qui depuis un mois suis ici de retour.
Il est vrai que je sors fort peu souvent de jour;
De nuit, incognito je rends quelques visites.
Ainsi...

CLITON à Dorante, à l'oreille.

Vous ne savez, monsieur, ce que vous dites.

DORANTE.

Tais-toi! si jamais plus tu me viens avertir...

CLITON à part.

J'enrage de me taire et d'entendre mentir.

PHILISTE à Alcippe, tout bas.

Voyez qu'heureusement dedans cette rencontre
Votre rival lui-même à vous-même se montre.

DORANTE revenant à eux.

Comme à mes chers amis je vous veux tout conter.
J'avois pris cinq bateaux pour mieux tout ajuster:
Les quatre contenoient quatre chœurs de musique
Capables de charmer le plus mélancolique.
Au premier violons, en l'autre luths et voix;
Des flûtes au troisième, au dernier des hautbois,
Qui tour à tour dans l'air poussoient des harmonies
Dont on pouvoit nommer les douceurs infinies.
Le cinquième étoit grand, tapissé tout exprès
De rameaux enlacés pour conserver le frais,
Dont chaque extrémité portoit un doux mélange
De bouquets de jasmin, de grenade et d'orange.
Je fis de ce bateau la salle du festin;
Là je menai l'objet qui fait seul mon destin;

De cinq autres beautés la sienne fut suivie,
Et la collation fut aussitôt servie.
Je ne vous dirai point les différens apprêts,
Le nom de chaque plat, le rang de chaque mets;
Vous saurez seulement qu'en ce lieu de délices
On servit douze plats, et qu'on fit six services
Cependant que les eaux, les rochers et les airs
Répondoient aux accens de nos quatre concerts.
Après qu'on eut mangé, mille et mille fusées,
S'élançant vers les cieux, ou droites, ou croisées,
Firent un nouveau jour, d'où tant de serpenteaux
D'un déluge de flamme attaquèrent les eaux
Qu'on crut que pour leur faire une plus rude guerre
Tout l'élément du feu tomboit du ciel en terre.
Après ce passe-temps on dansa jusqu'au jour,
Dont le soleil jaloux avança le retour.
S'il eût pris notre avis, sa lumière importune
N'eût pas troublé sitôt ma petite fortune;
Mais, n'étant pas d'humeur à suivre nos désirs,
Il sépara la troupe, et finit nos plaisirs.

ALCIPPE.

Certes, vous avez grâce à conter ces merveilles;
Paris, tout grand qu'il est, en voit peu de pareilles.

DORANTE.

J'avois été surpris; et l'objet de mes vœux
Ne m'avoit tout au plus donné qu'une heure ou deux.

PHILISTE.

Cependant l'ordre est rare, et la dépense belle.

DORANTE.

Il s'est fallu passer à cette bagatelle:
Alors que le temps presse on n'a pas à choisir.

ALCIPPE.

Adieu, nous nous verrons avec plus de loisir.

DORANTE.

Faites état de moi.

ALCIPPE à Philiste, en s'en allant.

Je meurs de jalousie!

PHILISTE à Alcippe.

Sans raison toutefois votre ame en est saisie;
Les signes du festin ne s'accordent pas bien.

ALCIPPE à Philiste.

Le lieu s'accorde et l'heure, et le reste n'est rien.

SCÈNE VI.

DORANTE, CLITON.

CLITON.

Monsieur, puis-je à présent parler sans vous déplaire?

DORANTE.

Je remets à ton choix de parler ou te taire;
Mais quand tu vois quelqu'un ne fais plus l'insolent.

CLITON.

Votre ordinaire est-il de rêver en parlant?

DORANTE.

Où me vois-tu rêver?

CLITON.

J'appelle rêveries
Ce qu'en d'autres qu'un maître on nomme menteries.
Je parle avec respect.

DORANTE.

Pauvre esprit!

CLITON.

Je le perds
Quand je vous vois parler de guerre et de concerts.
Vous voyez sans péril nos batailles dernières,

Et faites des festins qui ne vous coûtent guères.
Pourquoi depuis un an vous feindre de retour?

DORANTE.

J'en montre plus de flamme, et j'en fais mieux ma cour.

CLITON.

Qu'a de propre la guerre à montrer votre flamme?

DORANTE.

Oh! le beau compliment à charmer une dame
De lui dire d'abord : « J'apporte à vos beautés
Un cœur nouveau venu des universités :
Si vous avez besoin de lois et de rubriques,
Je sais le code entier avec les authentiques,
Le digeste nouveau, le vieux, l'infortiat,
Ce qu'en a dit Jason, Balde, Accurse, Alciat! »
Qu'un si riche discours nous rend considérables!
Qu'on amollit par là de cœurs inexorables!
Qu'un homme à paragraphe est un joli galant!
On s'introduit bien mieux à titre de vaillant :
Tout le secret ne vit qu'en un peu de grimace,
A mentir à propos, jurer de bonne grâce,
Etaler force mots qu'elles n'entendent pas,
Faire sonner Lamboy, Jean de Vert et Galas,
Nommer quelques châteaux de qui les noms barbares,
Plus ils blessent l'oreille et plus ils semblent rares;
Avoir toujours en bouche angles, lignes, fossés,
Vedette, contrescarpe et travaux avancés :
Sans ordre et sans raison, n'importe, on les étonne,
On leur fait admirer les baies qu'on leur donne;
Et tel à la faveur d'un semblable débit
Passe pour homme illustre et se met en crédit.

CLITON.

A qui vous veut ouïr vous en faites bien croire;
Mais celle-ci bientôt peut savoir votre histoire.

DORANTE.

J'aurai déjà gagné chez elle quelque accès,

Et, loin d'en redouter un malheureux succès,
Si jamais un fâcheux nous nuit par sa présence,
Nous pourrons sous ces mots être d'intelligence.
Voilà traiter l'amour, Cliton, et comme il faut.

CLITON.

A vous dire le vrai, je tombe de bien haut.
Mais parlons du festin. Urgande et Mélusine
N'ont jamais sur-le-champ mieux fourni leur cuisine;
Vous allez au-delà de leurs enchantemens;
Vous seriez un grand maître à faire des romans:
Ayant si bien en main le festin et la guerre,
Vos gens en moins de rien courroient toute la terre,
Et ce seroit pour vous des travaux fort légers
Que d'y mêler partout la pompe et les dangers.
Ces hautes fictions vous sont bien naturelles.

DORANTE.

J'aime à braver ainsi les conteurs de nouvelles;
Et sitôt que j'en vois quelqu'un s'imaginer
Que ce qu'il veut m'apprendre a de quoi m'étonner,
Je le sers aussitôt d'un conte imaginaire
Qui l'étonne lui-même et le force à se taire.
Si tu pouvois savoir quel plaisir on a lors
De leur faire rentrer leurs nouvelles au corps...

CLITON.

Je le juge assez grand; mais enfin ces pratiques
Vous couvriront de honte en devenant publiques.

DORANTE.

N'en prends point de souci. Mais tous ces vains discours
M'empêchent de chercher l'objet de mes amours:
Tâchons de le rejoindre; et sache qu'à me suivre
Je t'apprendrai bientôt d'autres façons de vivre.

ACTE SECOND.

SCÈNE I.

GÉRONTE, CLARICE, ISABELLE.

CLARICE.

Je sais qu'il vaut beaucoup étant sorti de vous.
Mais, monsieur, sans le voir accepter un époux,
Par quelque haut récit qu'on en soit conviée,
C'est grande avidité de se voir mariée.
D'ailleurs en recevoir visite et compliment,
Et lui permettre accès en qualité d'amant,
A moins qu'à vos projets un plein effet réponde,
Ce seroit trop donner à discourir au monde.
Trouvez donc un moyen de me le faire voir
Sans m'exposer au blâme et manquer au devoir.

GÉRONTE.

Oui, vous avez raison, belle et sage Clarice;
Ce que vous m'ordonnez est la même justice,
Et comme c'est à nous à subir votre loi
Je reviens tout à l'heure, et Dorante avec moi.
Je le tiendrai long-temps dessous votre fenêtre,
Afin qu'avec loisir vous puissiez le connoître,
Examiner sa taille, et sa mine, et son air,
Et voir quel est l'époux que je vous veux donner.
Il vint hier de Poitiers, mais il sent peu l'école;
Et si l'on pouvoit croire un père à sa parole,
Quelque écolier qu'il soit, je dirois qu'aujourd'hui

Peu de nos gens de cour sont mieux taillés que lui.
Mais vous en jugerez après la voix publique.
Je cherche à l'arrêter parcequ'il m'est unique,
Et je brûle surtout de le voir sous vos lois.

CLARICE.

Vous m'honorez beaucoup d'un si glorieux choix.
Je l'attendrai, monsieur, avec impatience,
Et je l'aime déjà sur cette confiance.

SCÈNE II.

ISABELLE, CLARICE.

ISABELLE.

Ainsi vous le verrez, et sans vous engager.

CLARICE.

Mais pour le voir ainsi qu'en pourrai-je juger?
J'en verrai le dehors, la mine, l'apparence;
Mais du reste, Isabelle, où prendre l'assurance?
Le dedans paroît mal en ces miroirs flatteurs;
Les visages souvent sont de doux imposteurs.
Que de défauts d'esprit se couvrent de leurs grâces!
Et que de beaux semblans cachent des ames basses!
Les yeux en ce grand choix ont la première part;
Mais leur déférer tout c'est tout mettre au hasard.
Qui veut vivre en repos ne doit pas leur déplaire;
Mais sans leur obéir il doit les satisfaire,
En croire leur refus, et non pas leur aveu,
Et sur d'autres conseils laisser naître son feu.
Cette chaîne qui dure autant que notre vie,
Et qui devroit donner plus de peur que d'envie,
Si l'on n'y prend bien garde, attache assez souvent
Le contraire au contraire, et le mort au vivant:

Et pour moi, puisqu'il faut qu'elle me donne un maître,
Avant que l'accepter je voudrois le connoître,
Mais connoître dans l'ame.

ISABELLE.

Eh bien ! qu'il parle à vous.

CLARICE.

Alcippe le sachant en deviendroit jaloux.

ISABELLE.

Qu'importe qu'il le soit si vous avez Dorante ?

CLARICE.

Sa perte ne m'est pas encore indifférente,
Et l'accord de l'hymen entre nous concerté,
Si son pére venoit, seroit exécuté.
Depuis plus de deux ans il promet et diffère;
Tantôt c'est maladie, et tantôt quelque affaire;
Le chemin est mal sûr, ou les jours sont trop courts,
Et le bonhomme enfin ne peut sortir de Tours.
Je prends tous ces délais pour une résistance,
Et ne suis point d'humeur à mourir de constance.
Chaque moment d'attente ôte de notre prix,
Et fille qui vieillit tombe dans le mépris.
C'est un nom glorieux qui se garde avec honte ;
Sa défaite est fâcheuse à moins que d'être prompte;
Le temps n'est pas un dieu qu'elle puisse braver,
Et son honneur se perd à le trop conserver.

ISABELLE.

Ainsi vous quitteriez Alcippe pour un autre
De qui l'humeur auroit de quoi plaire à la vôtre ?

CLARICE.

Oui, je le quitterois ; mais pour ce changement
Il me faudroit en main avoir un autre amant,
Savoir qu'il me fût propre, et que son hyménée
Dût bientôt à la sienne unir ma destinée.
Mon humeur sans cela ne s'y résout pas bien ;

Car Alcippe après tout vaut toujours mieux que rien;
Son père peut venir, quelque long-temps qu'il tarde.

ISABELLE.

Pour en venir à bout sans que rien s'y hasarde,
Lucrèce est votre amie, et peut beaucoup pour vous:
Elle n'a point d'amant qui devienne jaloux:
Qu'elle écrive à Dorante, et lui fasse paroître
Qu'elle veut cette nuit le voir par sa fenêtre.
Comme il est encor jeune, on l'y verra voler;
Et là sous ce faux nom vous pourrez lui parler
Sans qu'Alcippe jamais en découvre l'adresse,
Ni que lui-même pense à d'autres qu'à Lucrèce.

CLARICE.

L'invention est belle; et Lucrèce aisément
Se résoudra pour moi d'écrire un compliment:
J'admire ton adresse à trouver cette ruse.

ISABELLE.

Puis-je vous dire encor que, si je ne m'abuse,
Tantôt cet inconnu ne vous déplaisoit pas?

CLARICE.

Ah! bon dieu! si Dorante avoit autant d'appas,
Que d'Alcippe aisément il obtiendroit la place!

ISABELLE.

Ne parlez point d'Alcippe; il vient.

CLARICE.

Qu'il m'embarrasse.
Va pour moi chez Lucrèce, et lui dis mon projet
Et tout ce qu'on peut dire en un pareil sujet.

SCENE III.

CLARICE, ALCIPPE.

ALCIPPE.

Ah, Clarice! ah, Clarice! inconstante! volage!

CLARICE à part le premier vers.

Auroit-il deviné déjà ce mariage?
Alcippe, qu'avez-vous? qui vous fait soupirer?

ALCIPPE.

Ce que j'ai, déloyale! et peux-tu l'ignorer?
Parle à ta conscience; elle devroit t'apprendre...

CLARICE.

Parlez un peu plus bas, mon père va descendre.

ALCIPPE.

Ton père va descendre, ame double et sans foi!
Confesse que tu n'as un père que pour moi.
La nuit sur la rivière...

CLARICE.

Eh bien! sur la rivière?
La nuit? quoi? qu'est-ce enfin?

ALCIPPE.

Oui, la nuit tout entière.

CLARICE.

Après?

ALCIPPE.

Quoi! sans rougir?

CLARICE.

Rougir! à quel propos?

ALCIPPE.

Tu ne meurs pas de honte entendant ces deux mots!

CLARICE.

Mourir pour les entendre! Et qu'ont-ils de funeste?

ALCIPPE.

Tu peux donc les ouïr, et demander le reste!
Ne saurois-tu rougir si je ne te dis tout?

CLARICE.

Quoi, tout?

ALCIPPE.

Tes passe-temps de l'un à l'autre bout.

CLARICE.

Je meure, en vos discours si je puis rien comprendre!

ALCIPPE.

Quand je te veux parler ton père va descendre:
Il t'en souvient alors; le tour est excellent!
Mais pour passer la nuit auprès de ton galant...

CLARICE.

Alcippe, êtes-vous fou?

ALCIPPE.

Je n'ai plus lieu de l'être,
A présent que le ciel me fait te mieux connoître.
Oui, pour passer la nuit en danses et festin,
Etre avec ton galant du soir jusqu'au matin,
Je ne parle que d'hier, tu n'as point lors de père.

CLARICE.

Rêvez-vous? raillez-vous? et quel est ce mystère?

ALCIPPE.

Ce mystère est nouveau, mais non pas fort secret.
Choisis une autre fois un amant plus discret;
Lui-même il m'a tout dit.

CLARICE.

Qui lui-même?

ALCIPPE.

Dorante.

CLARICE.

Dorante!

ALCIPPE.

Continue, et fais bien l'ignorante.

CLARICE.

Si je le vis jamais, et si je le connois...!

ALCIPPE.

Ne viens-je pas de voir son père avecque toi?
Tu passes, infidèle, ame ingrate et légère,
La nuit avec le fils, le jour avec le père!

CLARICE.

Son père de vieux temps est grand ami du mien.

ALCIPPE.

Cette vieille amitié faisoit votre entretien?
Tu te sens convaincue, et tu m'oses répondre!
Te faut-il quelque chose encor pour te confondre?

CLARICE.

Alcippe, si je sais quel visage a le fils...

ALCIPPE.

La nuit étoit fort noire alors que tu le vis.
Il ne t'a pas donné quatre chœurs de musique,
Une collation superbe et magnifique,
Six services de rang, douze plats à chacun?
Son entretien alors t'étoit fort importun?
Quand ses feux d'artifice éclairoient le rivage
Tu n'eus pas le loisir de le voir au visage?
Tu n'as pas avec lui dansé jusques au jour,
Et tu ne l'as pas vu pour le moins au retour?
T'en ai-je dit assez? Rougis, et meurs de honte.

CLARICE.

Je ne rougirai point pour le récit d'un conte.

ALCIPPE.

Quoi! je suis donc un fourbe, un bizarre, un jaloux!

CLARICE.

Quelqu'un a pris plaisir à se jouer de vous,
Alcippe, croyez-moi.

ALCIPPE.

Ne cherche point d'excuses ;
Je connois tes détours et devine tes ruses.
Adieu, suis ton Dorante, et l'aime désormais ;
Laisse en repos Alcippe, et n'y pense jamais.

CLARICE.

Ecoutez quatre mots.

ALCIPPE.

Ton père va descendre.

CLARICE.

Non, il ne descend point et ne peut nous entendre,
Et j'aurai tout loisir de vous désabuser.

ALCIPPE.

Je ne t'écoute point, à moins que m'épouser,
A moins qu'en attendant le jour du mariage
M'en donner ta parole et deux baisers en gage.

CLARICE.

Pour me justifier vous demandez de moi,
Alcippe?...

ALCIPPE.

Deux baisers, et ta main, et ta foi.

CLARICE.

Que cela?

ALCIPPE.

Résous-toi sans plus me faire attendre.

CLARICE.

Je n'ai pas le loisir, mon père va descendre.

SCÈNE IV.

ALCIPPE.

Va, ris de ma douleur alors que je te perds ;
Par ces indignités romps toi-même mes fers,

Aide mes feux trompés à se tourner en glace,
Aide un juste courroux à se mettre en leur place :
Je cours à la vengeance, et porte à ton amant
Le vif et prompt effet de mon ressentiment.
S'il est homme de cœur, ce jour même nos armes
Régleront par leur sort tes plaisirs ou tes larmes ;
Et plutôt que le voir possesseur de mon bien
Puissé-je dans son sang voir couler tout le mien !
Le voici ce rival que son père t'amène ;
Ma vieille amitié cède à ma nouvelle haine ;
Sa vue accroît l'ardeur dont je me sens brûler ;
Mais ce n'est pas ici qu'il faut le quereller.

SCENE V.

GERONTE, DORANTE, CLITON.

GÉRONTE.

Dorante, arrêtons-nous ; le trop de promenade
Me mettroit hors d'haleine, et me feroit malade.
Que l'ordre est rare et beau de ces grands bâtimens !

DORANTE.

Paris semble à mes yeux un pays de romans :
J'y croyois ce matin voir une île enchantée ;
Je la laissai déserte, et la trouve habitée ;
Quelque Amphion nouveau, sans l'aide des maçons,
En superbes palais a changé ses buissons.

GÉRONTE.

Paris voit tous les jours de ces métamorphoses.
Dans tout le pré-aux-clercs tu verras mêmes choses,
Et l'univers entier ne peut rien voir d'égal
Aux superbes dehors du palais Cardinal.
Toute une ville entière avec pompe bâtie
Semble d'un vieux fossé par miracle sortie,

Et nous fait présumer, à ses superbes toits,
Que tous ses habitans sont des dieux ou des rois.
Mais changeons de discours. Tu sais combien je t'aime.

DORANTE.

Je chéris cet honneur bien plus que le jour même.

GÉRONTE.

Comme de mon hymen il n'est sorti que toi,
Et que je te vois prendre un périlleux emploi,
Où l'ardeur pour la gloire à tout oser convie,
Et force à tout moment de négliger la vie,
Avant qu'aucun malheur te puisse être avenu,
Pour te faire marcher un peu plus retenu
Je te veux marier.

DORANTE à part.

O ma chère Lucrèce !

GERONTE.

Je t'ai voulu choisir moi-même une maîtresse,
Honnête, belle, riche.

DORANTE.

Ah ! pour la bien choisir,
Mon père, donnez-vous un peu plus de loisir.

GERONTE.

Je la connois assez. Clarice est belle et sage
Autant que dans Paris il en soit de son âge :
Son père de tout temps est mon plus grand ami,
Et l'affaire est conclue.

DORANTE.

Ah ! monsieur, je frémi :
D'un fardeau si pesant accabler ma jeunesse !

GERONTE.

Fais ce que je t'ordonne.

DORANTE à part les premiers mots.

Il faut jouer d'adresse.

Quoi ! monsieur, à présent qu'il faut dans les combats
Acquérir quelque nom et signaler mon bras...

GERONTE.

Avant qu'être au hasard qu'un autre bras t'immole
Je veux dans ma maison avoir qui m'en console ;
Je veux qu'un petit-fils puisse y tenir ton rang,
Soutenir ma vieillesse et réparer mon sang.
En un mot, je le veux.

DORANTE.

Vous êtes inflexible ?

GERONTE.

Fais ce que je te dis.

DORANTE.

Mais s'il m'est impossible ?

GERONTE.

Impossible ! et comment ?

DORANTE.

Souffrez qu'aux yeux de tous
Pour obtenir pardon j'embrasse vos genoux.
Je suis...

GERONTE.

Quoi ?

DORANTE.

Dans Poitiers...

GERONTE.

Parle donc, et te lève.

DORANTE.

Je suis donc marié, puisqu'il faut que j'achève.

GERONTE.

Sans mon consentement !

DORANTE.

On m'a violenté.
Vous ferez tout casser par votre autorité ;
Mais nous fûmes tous deux forcés à l'hyménée

Par la fatalité la plus inopinée...
Ah! si vous la saviez!

GERONTE.

Dis, ne me cache rien.

DORANTE.

Elle est de fort bon lieu, mon père; et pour son bien,
S'il n'est du tout si grand que votre humeur souhaite...

GERONTE.

Sachons, à cela près, puisque c'est chose faite.
Elle se nomme?

DORANTE.

Orphise, et son père Armédon.

GÉRONTE.

Je n'ai jamais ouï ni l'un ni l'autre nom:
Mais poursuis.

DORANTE.

Je la vis presque à mon arrivée.
Une ame de rocher ne s'en fût pas sauvée,
Tant elle avait d'appas et tant son œil vainqueur
Par une douce force assujettit mon cœur!
Je cherchai donc chez elle à faire connoissance;
Et les soins obligeans de ma persévérance
Surent plaire de sorte à cet objet charmant
Que j'en fus en six mois autant aimé qu'amant.
J'en reçus des faveurs secrètes, mais honnêtes;
Et j'étendis si loin mes petites conquêtes
Qu'en son quartier souvent je me coulois sans bruit
Pour causer avec elle une part de la nuit.
Un soir que je venois de monter dans sa chambre,
Ce fut, s'il m'en souvient, le second de septembre,
Oui, ce fut ce jour-là que je fus attrapé;
Ce soir même son père en ville avoit soupé;
Il monte à son retour; il frappe à la porte: elle
Transit, pâlit, rougit, me cache en sa ruelle,
Ouvre enfin, et d'abord, qu'elle eut d'esprit et d'art!

Elle se jette au cou de ce pauvre vieillard,
Dérobe en l'embrassant son désordre à sa vue.
Il se sied, il lui dit qu'il veut la voir pourvue,
Lui propose un parti qu'on lui venoit d'offrir.
Jugez combien mon cœur avoit lors à souffrir !
Par sa réponse adroite elle sut si bien faire,
Que sans m'inquiéter elle plut à son père.
Ce discours ennuyeux enfin se termina ;
Le bonhomme partoit quand ma montre sonna ;
Et lui se retournant vers sa fille étonnée,
«Depuis quand cette montre? et qui vous l'a donnée?
Acaste, mon cousin, me la vient d'envoyer,
Dit-elle, et veut ici la faire nettoyer,
N'ayant point d'horloger au lieu de sa demeure :
Elle a déjà sonné deux fois en un quart d'heure.
Donnez-la-moi, dit-il, j'en prendrai mieux le soin.»
Alors pour me la prendre elle vient en mon coin ;
Je la lui donne en main ; mais, voyez ma disgrâce,
Avec mon pistolet le cordon s'embarrasse,
Fait marcher le déclin, le feu prend, le coup part.
Jugez de notre trouble à ce triste hasard.
Elle tombe par terre ; et moi je la crus morte.
Le père épouvanté gagne aussitôt la porte ;
Il appelle au secours, il crie à l'assassin.
Son fils et deux valets me coupent le chemin.
Furieux de ma perte, et combattant de rage
Au milieu de tous trois je me faisois passage
Quand un autre malheur de nouveau me perdit ;
Mon épée en ma main en trois morceaux rompit.
Désarmé, je recule, et rentre ; alors Orphise,
De sa frayeur première aucunement remise,
Sait prendre un temps si juste en son reste d'effroi
Qu'elle pousse la porte et s'enferme avec moi.
Soudain nous entassons, pour défenses nouvelles,
Bancs, tables, coffres, lits et jusqu'aux escabelles ;

Nous nous barricadons, et dans ce premier feu
Nous croyons gagner tout à différer un peu.
Mais comme à ce rempart l'un et l'autre travaille,
D'une chambre voisine on perce la muraille :
Alors me voyant pris il fallut composer.

(Ici Clarice les voit de sa fenêtre ; et Lucrèce avec Isabelle les voit aussi de la sienne.)

GÉRONTE.

C'est à dire en françois qu'il fallut l'épouser ?

DORANTE.

Les siens m'avoient trouvé de nuit seul avec elle ;
Ils étoient les plus forts, elle me sembloit belle ;
Le scandale étoit grand, son honneur se perdoit ;
A ne le faire pas ma tête en répondoit ;
Ses grands efforts pour moi, son péril et ses larmes
A mon cœur amoureux étoient de nouveaux charmes :
Donc pour sauver ma vie ainsi que son honneur,
Et me mettre avec elle au comble du bonheur,
Je changeai d'un seul mot la tempête en bonace,
Et fis ce que tout autre auroit fait en ma place.
Choisissez maintenant de me voir ou mourir
Ou posséder un bien qu'on ne peut trop chérir.

GÉRONTE.

Non, non, je ne suis pas si mauvais que tu penses,
Et trouve en ton malheur de telles circonstances
Que mon amour t'excuse, et mon esprit touché
Te blâme seulement de l'avoir trop caché.

DORANTE.

Le peu de bien qu'elle a me faisoit vous le taire.

GÉRONTE.

Je prends peu garde au bien afin d'être bon père.
Elle est belle, elle est sage, elle sort de bon lieu,
Tu l'aimes, elle t'aime ; il me suffit. Adieu.
Je vais me dégager du père de Clarice.

SCÈNE VI.

DORANTE, CLITON.

DORANTE.

Que dis-tu de l'histoire et mon artifice ?
Le bonhomme en tient-il? m'en suis-je bien tiré ?
Quelque sot en ma place y seroit demeuré;
Il eût perdu le temps à gémir, à se plaindre,
Et malgré son amour se fût laissé contraindre.
Oh ! l'utile secret que mentir à propos !

CLITON.

Quoi ! ce que vous disiez n'est pas vrai ?

DORANTE.

Pas deux mots,
Et tu ne viens d'ouïr qu'un trait de gentillesse
Pour conserver mon ame et mon cœur à Lucrèce.

CLITON.

Quoi ! la montre, l'épée, avec le pistolet...

DORANTE.

Industrie.

CLITON.

Obligez, monsieur, votre valet :
Quand vous voudrez jouer de ces grands coups de maître
Donnez-lui quelque signe à les pouvoir connoître.
Quoique bien averti, j'étois dans le panneau.

DORANTE.

Va, n'appréhende pas d'y tomber de nouveau ;
Tu seras de mon cœur l'unique secrétaire
Et de tous mes secrets le grand dépositaire.

CLITON.

Avec ces qualités j'ose bien espérer

Qu'assez malaisément je pourrai m'en parer.
Mais parlons de vos feux. Certes cette maîtresse...

SCÈNE VII.

DORANTE, CLITON, SABINE.

SABINE lui donnant un billet.

Lisez ceci, monsieur.

DORANTE.

D'où vient-il ?

SABINE.

De Lucrèce.

DORANTE après l'avoir lu.

Dis-lui que j'y viendrai.

SCÈNE VIII.

DORANTE, CLITON.

DORANTE.

Doute encore, Cliton,
A laquelle des deux appartient ce beau nom !
Lucrèce sent sa part des feux qu'elle fait naître,
Et me veut cette nuit parler par sa fenêtre.
Dis encor que c'est l'autre ou que tu n'es qu'un sot.
Qu'auroit l'autre à m'écrire, à qui je n'ai dit mot?

CLITON.

Monsieur, pour ce sujet n'ayons point de querelle ;
Cette nuit à la voix vous saurez si c'est elle.

DORANTE.

Coule-toi là-dedans ; et de quelqu'un des siens
Sache subtilement sa famille et ses biens.

SCÈNE IX.

DORANTE, LYCAS.

LYCAS, lui présentant un billet.

Monsieur.

DORANTE.

Autre billet.

(Il continue après avoir lu tout bas le billet.)

J'ignore quelle offense
Peut d'Alcippe avec moi rompre l'intelligence.
Mais n'importe, dis-lui que j'irai volontiers ;
Je te suis.

SCÈNE V.

DORANTE.

Je revins hier au soir de Poitiers,
D'aujourd'hui seulement je produis mon visage,
Et j'ai déjà querelle, amour et mariage.
Pour un commencement ce n'est point mal trouvé.
Vienne encore un procès, et je suis achevé.
Se charge qui voudra d'affaires plus pressantes,
Plus en nombre à la fois et plus embarrassantes,
Je pardonne à qui mieux s'en pourra démêler.
Mais allons voir celui qui m'ose quereller.

ACTE TROISIÈME.

SCÈNE I.

DORANTE, ALCIPPE, PHILISTE.

PHILISTE.

Oui, vous faisiez tous deux en hommes de courage,
Et n'aviez l'un ni l'autre aucun désavantage.
Je rends grâces au ciel de ce qu'il a permis
Que je sois survenu pour vous refaire amis,
Et que la chose égale ainsi je vous sépare.
Mon heur en est extrême, et l'aventure rare.

DORANTE.

L'aventure est encor bien plus rare pour moi,
Qui lui faisois raison sans avoir su de quoi.
Mais, Alcippe, à présent tirez-moi hors de peine.
Quel sujet aviez-vous de colère ou de haine?
Quelque mauvais rapport m'auroit-il pu noircir?
Dites, que devant lui je vous puisse éclaircir.

ALCIPPE.

Vous le savez assez.

DORANTE.

Plus je me considère,
Moins je découvre en moi ce qui peut vous déplaire.

ALCIPPE.

Eh bien! puisqu'il vous faut parler plus clairement,
Depuis plus de deux ans j'aime secrètement;
Mon affaire est d'accord, et la chose vaut faite:
Mais pour quelque raison nous la tenons secrète.

Cependant à l'objet qui me tient sous sa loi,
Et qui sans me trahir ne peut être qu'à moi,
Vous avez donné bal, collation, musique,
Et vous n'ignorez pas combien cela me pique,
Puisque pour me jouer un si sensible tour
Vous m'avez à dessein caché votre retour,
Et n'avez aujourd'hui quitté votre embuscade
Qu'afin de m'en conter l'histoire par bravade.
Ce procédé m'étonne, et j'ai lieu de penser
Que vous n'avez rien fait qu'afin de m'offenser.

DORANTE.

Si vous pouviez encor douter de mon courage
Je ne vous guérirois ni d'erreur ni d'ombrage,
Et nous nous reverrions si nous étions rivaux;
Mais, comme vous savez tous deux ce que je vaux,
Ecoutez en deux mots l'histoire démêlée.
Celle que cette nuit sur l'eau j'ai régalée
N'a pu vous donner lieu de devenir jaloux,
Car elle est mariée, et ne peut être à vous.
Depuis peu pour affaire elle est ici venue,
Et je ne pense pas qu'elle vous soit connue.

ALCIPPE.

Je suis ravi, Dorante, en cette occasion
De voir finir sitôt notre division.

DORANTE.

Alcippe, une autre fois donnez moins de croyance
Aux premiers mouvemens de votre défiance;
Jusqu'à mieux savoir tout sachez vous retenir,
Et ne commencez plus par où l'on doit finir.
Adieu, je suis à vous.

SCÈNE II.

ALCIPPE, PHILISTE.

PHILISTE.

Ce cœur encor soupire?

ALCIPPE.

Hélas! je sors d'un mal pour tomber dans un pire.
Cette collation, qui l'aura pu donner?
A qui puis-je m'en prendre? et que m'imaginer?

PHILISTE.

Que l'ardeur de Clarice est égale à vos flammes.
Cette galanterie étoit pour d'autres dames.
L'erreur de votre page a causé votre ennui;
S'étant trompé lui-même, il vous trompe après lui.
J'ai tout su de lui-même et des gens de Lucrèce.
Il avoit vu chez elle entrer votre maîtresse,
Mais il n'avoit pas su qu'Hippolyte et Daphné
Ce jour-là par hasard chez elle avoient dîné.
Il les en voit sortir, mais à coiffe abattue,
Et sans les approcher il suit de rue en rue;
Aux couleurs, au carrosse, il ne doute de rien;
Tout étoit à Lucrèce, et le dupe si bien,
Que, prenant ces beautés pour Lucrèce et Clarice,
Il rend à votre amour un très mauvais service.
Il les voit donc aller jusques au bord de l'eau,
Descendre de carrosse, entrer dans un bateau;
Il voit porter des plats, entend quelque musique,
A ce que l'on m'a dit assez mélancolique.
Mais cessez d'en avoir l'esprit inquiété,
Car enfin le carrosse avoit été prêté;
L'avis se trouva faux, et ces deux autres belles
Avoient en plein repos passé la nuit chez elles.

ALCIPPE.

Quel malheur est le mien! ainsi donc sans sujet
J'ai fait ce grand vacarme à ce charmant objet!

PHILISTE.

Je ferai votre paix. Mais sachez autre chose.
Celui qui de ce trouble est la seconde cause,
Dorante, qui tantôt nous en a tant conté
De son festin superbe et sur l'heure apprêté,
Lui qui, depuis un mois nous cachant sa venue,
La nuit incognito visite une inconnue,
Il vint hier de Poitiers, et sans faire aucun bruit
Chez lui paisiblement a dormi toute nuit.

ALCIPPE.

Quoi! sa collation?...

PHILISTE.

N'est rien qu'un pur mensonge.
Ou quand il l'a donnée il l'a donnée en songe.

ALCIPPE.

Dorante en ce combat si peu prémédité
M'a fait voir trop de cœur pour tant de lâcheté.
La valeur n'apprend point la fourbe en son école;
Tout homme de courage est homme de parole,
A des vices si bas il ne peut consentir,
Et fuit plus que la mort la honte de mentir.
Cela n'est point.

PHILISTE.

Dorante, à ce que je présume,
Est vaillant par nature et menteur par coutume.
Ayez sur ce sujet moins d'incrédulité,
Et vous-même admirez notre simplicité.
A nous laisser duper nous sommes bien novices:
Une collation servie à six services,
Quatre concerts entiers, tant de plats, tant de feux,
Tout cela cependant prêt en une heure ou deux,
Comme si l'appareil d'une telle cuisine

Fût descendu du ciel dedans quelque machine ;
Quiconque le peut croire ainsi que vous et moi,
S'il a manque de sens, n'a pas manque de foi.
Pour moi, je voyois bien que tout ce badinage
Répondoit assez mal aux remarques du page.
Mais vous ?

ALCIPPE.

La jalousie aveugle un cœur atteint,
Et sans examiner croit tout ce qu'elle craint.
Mais laissons là Dorante avecque son audace ;
Allons trouver Clarice, et lui demander grâce ;
Elle pouvoit tantôt m'entendre sans rougir.

PHILISTE.

Attendez à demain, et me laissez agir ;
Je veux par ce récit vous préparer la voie,
Dissiper sa colère, et lui rendre sa joie.
Ne vous exposez point, pour gagner un moment,
Aux premières chaleurs de son ressentiment.

ALCIPPE.

Si du jour qui s'enfuit la lumière est fidèle,
Je pense l'entrevoir avec son Isabelle.
Je suivrai tes conseils, et fuirai son courroux
Jusqu'à ce qu'elle ait ri de m'avoir vu jaloux.

SCÈNE III.

CLARICE, ISABELLE.

CLARICE.

Isabelle, il est temps, allons trouver Lucrèce.

ISABELLE.

Il n'est pas encor tard, et rien ne vous en presse.
Vous avez un pouvoir bien grand sur son esprit ;
A peine ai-je parlé qu'elle a sur l'heure écrit,

CLARICE.

Clarice à la servir ne seroit pas moins prompte.
Mais dis, par sa fenêtre as-tu bien vu Géronte?
Et sais-tu que ce fils qu'il m'avoit tant vanté
Est ce même inconnu qui m'en a tant conté?

ISABELLE.

A Lucrèce avec moi je l'ai fait reconnoître;
Et sitôt que Géronte a voulu disparoître,
Le voyant resté seul avec un vieux valet,
Sabine à nos yeux même a rendu le billet.
Vous parlerez à lui.

CLARICE.

Qu'il est fourbe, Isabelle!

ISABELLE.

Eh bien! cette pratique est-elle si nouvelle?
Dorante est-il le seul qui, de jeune écolier,
Pour être mieux reçu s'érige en cavalier?
Que j'en sais comme lui qui parlent d'Allemagne,
Et, si l'on veut les croire, ont vu chaque campagne;
Sur chaque occasion tranchent des entendus,
Content quelque défaite et des chevaux perdus;
Qui, dans une gazette apprenant ce langage,
S'ils sortent de Paris, ne vont qu'à leur village,
Et se donnent ici pour témoins approuvés
De tous ces grands combats qu'ils ont lus ou rêvés.
Il aura cru sans doute, ou je suis fort trompée,
Que les filles de cœur aiment les gens d'épée;
Et, vous prenant pour telle, il a jugé soudain
Qu'une plume au chapeau vous plaît mieux qu'à la main.
Ainsi donc pour vous plaire il a voulu paroître,
Non pas pour ce qu'il est, mais pour ce qu'il veut être,
Et s'est osé promettre un traitement plus doux
Dans la condition qu'il veut prendre pour vous.

CLARICE.

En matière de fourbe il est maître, il y pipe ;
Après m'avoir dupée il dupe encore Alcippe.
Ce malheureux jaloux s'est blessé le cerveau
D'un festin qu'hier au soir il m'a donné sur l'eau.
Juge un peu si la pièce a la moindre apparence.
Alcippe cependant m'accuse d'inconstance,
Me fait une querelle où je ne comprends rien.
J'ai, dit-il, toute nuit souffert son entretien ;
Il me parle de bal, de danse, de musique,
D'une collation superbe et magnifique,
Servie à tant de plats, tant de fois redoublés,
Que j'en ai la cervelle et les esprits troublés.

ISABELLE.

Reconnoissez par là que Dorante vous aime,
Et que dans son amour son adresse est extrême ;
Il aura su qu'Alcippe étoit bien avec vous,
Et pour l'en éloigner il l'a rendu jaloux.
Soudain à cet effort il en a joint un autre,
Il a fait que son père est venu voir le vôtre.
Un amant peut-il mieux agir en un moment
Que de gagner un père et brouiller l'autre amant ?
Votre père l'agrée, et le sien vous souhaite ;
Il vous aime, il vous plaît, c'est une affaire faite..

CLARICE.

Elle est faite de vrai ce qu'elle se fera.

ISABELLE.

Quoi! votre amour se change et désobéira !

CLARICE.

Tu vas sortir de garde et perdre tes mesures ;
Explique si tu peux encor ses impostures.
Il étoit marié sans que l'on en sût rien ;
Et son père a repris sa parole du mien,
Fort triste de visage et fort confus dans l'ame.

ISABELLE.

Ah ! je dis à mon tour : Qu'il est fourbe, madame !
C'est bien aimer la fourbe, et l'avoir bien en main,
Que de prendre plaisir à fourber sans dessein.
Car pour moi plus j'y songe et moins je puis comprendre
Quel fruit auprès de vous il en ose prétendre.
Mais qu'allez-vous donc faire ? et pourquoi lui parler ?
Est-ce à dessein d'en rire ou de le quereller ?

CLARICE.

Je prendrai du plaisir du moins à le confondre.

ISABELLE.

J'en prendrois davantage à le laisser morfondre.

CLARICE.

Je veux l'entretenir par curiosité.
Mais j'entrevois quelqu'un dans cette obscurité,
Et si c'étoit lui-même il pourroit me connoître.
Entrons donc chez Lucrèce, allons à sa fenêtre,
Puisque c'est sous son nom que je lui dois parler :
Mon jaloux après tout sera mon pis-aller.
Si sa mauvaise humeur déjà n'est apaisée,
Sachant ce que je sais, la chose est fort aisée.

SCÈNE IV.

DORANTE, CLITON.

DORANTE.

Voici l'heure et le lieu que marque le billet.

CLITON.

J'ai su tout ce détail d'un ancien valet.
Son père est de la robe, et n'a qu'elle de fille ;
Je vous ai dit son bien, son âge et sa famille.
Mais, monsieur, ce seroit pour me bien divertir
Si comme vous Lucrèce excelloit à mentir.

Le divertissement seroit rare, ou je meure ;
Et je voudrois qu'elle eût ce talent pour une heure,
Qu'elle pût un moment vous piper en votre art,
Rendre conte pour conte, et martre pour renard.
D'un et d'autre côté j'en entendrois de bonnes.

DORANTE.

Le ciel fait cette grâce à fort peu de personnes :
Il y faut promptitude, esprit, mémoire, soins,
Ne se brouiller jamais, et rougir encor moins.
Mais la fenêtre s'ouvre, approchons.

SCÈNE V.

CLARICE, LUCRÈCE, ISABELLE *à la fenêtre*, DORANTE, CLITON *en bas*.

CLARICE à Isabelle.

Isabelle,
Durant notre entretien demeure en sentinelle.

ISABELLE.

Lorsque votre vieillard sera prêt à sortir,
Je ne manquerai pas de vous en avertir.

(Isabelle descend de la fenêtre, et ne se montre plus.)

LUCRÈCE à Clarice.

Il conte assez au long ton histoire à mon père.
Mais parle sous mon nom, c'est à moi de me taire.

CLARICE.

Etes-vous là, Dorante ?

DORANTE.

Oui, madame, c'est moi
Qui veux vivre et mourir sous votre seule loi.

LUCRÈCE à Clarice.

Sa fleurette pour toi prend encor même style.

CLARICE à Lucrèce.

Il devroit s'épargner cette gêne inutile.
Mais m'auroit-il déjà reconnue à la voix?

CLITON à Dorante.

C'est elle; et je me rends, monsieur, à cette fois.

DORANTE à Clarice.

Oui, c'est moi qui voudrois effacer de ma vie
Les jours que j'ai vécu sans vous avoir servie.
Que vivre sans vous voir est un sort rigoureux!
C'est ou ne vivre point, ou vivre malheureux;
C'est une longue mort; et pour moi je confesse
Que pour vivre il faut être esclave de Lucrèce.

CLARICE à Lucrèce.

Chère amie, il en conte à chacune à son tour.

LUCRÈCE à Clarice.

Il aime à promener sa fourbe et son amour.

DORANTE.

A vos commandemens j'apporte donc ma vie,
Trop heureux si pour vous elle m'étoit ravie!
Disposez-en, madame, et me dites en quoi
Vous avez résolu de vous servir de moi.

CLARICE.

Je vous voulois tantôt proposer quelque chose;
Mais il n'est plus besoin que je vous la propose,
Car elle est impossible.

DORANTE.

Impossible! ah! pour vous
Je pourrai tout, madame, en tous lieux, contre tous.

CLARICE.

Jusqu'à vous marier quand je sais que vous l'êtes?

DORANTE.

Moi, marié! ce sont pièces qu'on vous a faites;
Quiconque vous l'a dit s'est voulu divertir.

CLARICE à Lucrèce.

Est-il un plus grand fourbe?

LUCRÈCE à Clarice.

Il ne sait que mentir.

DORANTE.

Je ne le fus jamais; et si par cette voie
On pense...

CLARICE.

Et vous pensez encor que je vous croie?

DORANTE.

Que le foudre à vos yeux m'écrase si je mens!

CLARICE.

Un menteur est toujours prodigue de sermens.

DORANTE.

Non, si vous avez eu pour moi quelque pensée
Qui sur ce faux rapport puisse être balancée,
Cessez d'être en balance, et de vous défier
De ce qu'il m'est aisé de vous justifier.

CLARICE à Lucrèce.

On diroit qu'il dit vrai, tant son effronterie
Avec naïveté pousse une menterie.

DORANTE.

Pour vous ôter de doute agréez que demain
En qualité d'époux je vous donne la main.

CLARICE.

Eh! vous la donneriez en un jour à deux mille.

DORANTE.

Certes vous m'allez mettre en crédit par la ville,
Mais en crédit si grand que j'en crains les jaloux.

CLARICE.

C'est tout ce que mérite un homme tel que vous,
Un homme qui se dit un grand foudre de guerre,
Et n'en a vu qu'à coup d'écritoire ou de verre;

Qui vint hier de Poitiers, et conte à son retour
Que depuis une année il fait ici sa cour ;
Qui donne toute nuit festin, musique et danse
Bien qu'il l'ait dans son lit passée en tout silence ;
Qui se dit marié, puis soudain s'en dédit :
Sa méthode est jolie à se mettre en crédit !
Vous-même apprenez-moi comme il faut qu'on le nomme.

CLITON à Dorante.

Si vous vous en tirez je vous tiens habile homme.

DORANTE à Cliton.

Ne t'épouvante point, tout vient en sa saison.

(A Clarice.)

De ces inventions chacune a sa raison ;
Sur toutes quelque jour je vous rendrai contente ;
Mais à présent je passe à la plus importante.
J'ai donc feint cet hymen ; pourquoi désavouer
Ce qui vous forcera vous-même à me louer ?
Je l'ai feint, et ma feinte à vos mépris m'expose :
Mais si de ces détours vous seule étiez la cause ?

CLARICE.

Moi ?

DORANTE.

Vous. Ecoutez-moi. Ne pouvant consentir...

CLITON à Dorante.

De grâce ! dites-moi si vous allez mentir.

DORANTE à Cliton.

Ah ! je t'arracherai cette langue importune.

(A Clarice.)

Donc, comme à vous servir j'attache ma fortune,
L'amour que j'ai pour vous ne pouvant consentir
Qu'un père à d'autres lois voulût m'assujettir...

CLARICE à Lucrèce.

Il fait pièce nouvelle ; écoutons.

DORANTE.

Cette adresse
A conservé mon ame à la belle Lucrèce ;
Et par ce mariage au besoin inventé
J'ai su rompre celui qu'on m'avoit apprêté.
Blâmez-moi de tomber en des fautes si lourdes,
Appelez-moi grand fourbe et grand donneur de bourdes;
Mais louez-moi du moins d'aimer si puissamment,
Et joignez à ces noms celui de votre amant.
Je fais par cet hymen banqueroute à tous autres,
J'évite tous leurs fers pour mourir dans les vôtres ;
Et, libre pour entrer en des liens si doux,
Je me fais marié pour tout autre que vous.

CLARICE.

Votre flamme en naissant a trop de violence,
Et me laisse toujours en juste défiance.
Le moyen que mes yeux eussent de tels appas
Pour qui m'a si peu vue et ne me connoît pas?

DORANTE.

Je ne vous connois pas ! vous n'avez plus de mère ;
Périandre est le nom de monsieur votre père ;
Il est homme de robe, adroit et retenu,
Dix mille écus de rente en font le revenu;
Vous perdîtes un frère aux guerres d'Italie,
Vous aviez une sœur qui s'appeloit Julie.
Vous connois-je à présent ? dites encor que non.

CLARICE à Lucrèce.

Cousine, il te connoît, et t'en veut tout de bon.

LUCRÈCE à part.

Plût à Dieu !

CLARICE à Lucrèce.

Découvrons le fond de l'artifice.

(à Dorante.)

J'avois voulu tantôt vous parler de Clarice,

Quelqu'un de vos amis m'en est venu prier.
Dites-moi, seriez-vous pour elle à marier ?

DORANTE.

Par cette question n'éprouvez plus ma flamme,
Je vous ai trop fait voir jusqu'au fond de mon ame,
Et vous ne pouvez plus désormais ignorer
Que j'ai feint cet hymen afin de m'en parer.
Je n'ai ni feux ni vœux que pour votre service,
Et ne puis plus avoir que mépris pour Clarice.

CLARICE.

Vous êtes à vrai dire un peu bien dégoûté;
Clarice est de maison, et n'est pas sans beauté;
Si Lucrèce à vos yeux paroît un peu plus belle,
De bien mieux faits que vous se contenteroient d'elle.

DORANTE.

Oui, mais un grand défaut ternit tous ses appas.

CLARICE.

Quel est-il ce défaut ?

DORANTE.

Elle ne me plaît pas:
Et plutôt que l'hymen avec elle me lie
Je serois marié, si l'on veut, en Turquie.

CLARICE.

Aujourd'hui cependant on m'a dit qu'en plein jour
Vous lui serriez la main et lui parliez d'amour.

DORANTE.

Quelqu'un auprès de vous m'a fait cette imposture.

CLARICE à Lucrèce.

Ecoutez l'imposteur; c'est hasard s'il ne jure.

DORANTE.

Que du ciel...

CLARICE à Lucrèce.

L'ai-je dit?

DORANTE.

J'éprouve le courroux
Si j'ai parlé, Lucrèce, à personne qu'à vous.

CLARICE.

Je ne puis plus souffrir une telle impudence,
Après ce que j'ai vu moi-même en ma présence :
Vous couchez d'imposture, et vous osez jurer,
Comme si je pouvois vous croire ou l'endurer !
Adieu, retirez-vous, et croyez, je vous prie,
Que souvent je m'égaie ainsi par raillerie,
Et que pour me donner des passe-temps si doux
J'ai donné cette baie à bien d'autres qu'à vous.

SCÈNE VI.

DORANTE, CLITON.

CLITON.

Eh bien ! vous le voyez, l'histoire est découverte.

DORANTE.

Ah ! Cliton ! je me trouve à deux doigts de ma perte.

CLITON.

Vous en aurez sans doute un plus heureux succès,
Et vous avez gagné chez elle un grand accès.
Mais je suis ce fâcheux qui nuis par ma présence,
Et vous fais sous ces mots être d'intelligence.

DORANTE.

Peut-être : qu'en crois-tu ?

CLITON.

Le peut-être est gaillard.

DORANTE.

Penses-tu qu'après tout j'en quitte encor ma part,
Et tienne tout perdu pour un peu de traverse ?

CLITON.

Si jamais cette part tomboit dans le commerce,
Et qu'il vous vînt marchand pour ce trésor caché,
Je vous conseillerois d'en faire bon marché.

DORANTE.

Mais pourquoi si peu croire un feu si véritable?

CLITON.

A chaque bout de champ vous mentez comme un diable.

DORANTE.

Je disois vérité.

CLITON.

Quand un menteur la dit
En passant par sa bouche elle perd son crédit.

DORANTE.

Il faut donc essayer si par quelque autre bouche
Elle pourra trouver un accueil moins farouche.
Allons sur le chevet rêver quelque moyen
D'avoir de l'incrédule un plus doux entretien.
Souvent leur belle humeur suit le cours de la lune:
Telle rend des mépris qui veut qu'on l'importune.
Mais, de quelques effets que les siens soient suivis,
Il sera demain jour, et la nuit porte avis.

ACTE QUATRIÈME.

SCÈNE I.

DORANTE, CLITON.

CLITON.

Mais, monsieur, pensez-vous qu'il soit jour chez Lucrèce?
Pour sortir si matin elle a trop de paresse.

DORANTE.

On trouve bien souvent plus qu'on ne croit trouver,
Et ce lieu pour ma flamme est plus propre à rêver;
J'en puis voir sa fenêtre, et de sa chère idée
Mon ame à cet aspect sera mieux possédée.

CLITON.

A propos de rêver, n'avez-vous rien trouvé
Pour servir de remède au désordre arrivé?

DORANTE.

Je me suis souvenu d'un secret que toi-même
Me donnois hier pour grand, pour rare, pour suprême;
Un amant obtient tout quand il est libéral.

CLITON.

Le secret est fort beau; mais vous l'appliquez mal:
Il ne fait réussir qu'auprès d'une coquette.

DORANTE.

Je sais ce qu'est Lucrèce, elle est sage et discrète;
A lui faire présent mes efforts seroient vains;
Elle a le cœur trop bon; mais ses gens ont des mains;
Et, bien que sur ce point elle les désavoue,

Avec un tel secret leur langue se dénoue :
Ils parlent, et souvent on les daigne écouter.
A tel prix que ce soit il m'en faut acheter.
Si celle-ci venoit qui m'a rendu sa lettre,
Après ce qu'elle a fait j'ose tout m'en promettre ;
Et ce sera hasard si sans beaucoup d'effort
Je ne trouve moyen de lui payer le port.

CLITON.

Certes vous dites vrai, j'en juge par moi-même :
Ce n'est point mon humeur de refuser qui m'aime ;
Et comme c'est m'aimer que me faire présent
Je suis toujours alors d'un esprit complaisant.

DORANTE.

Il est beaucoup d'humeurs pareilles à la tienne.

CLITON.

Mais, monsieur, attendant que Sabine survienne,
Et que sur son esprit vos dons fassent vertu,
Il court quelque bruit sourd qu'Alcippe s'est battu.

DORANTE.

Contre qui ?

CLITON.

L'on ne sait ; mais ce confus murmure
D'un air pareil au vôtre à peu près le figure ;
Et si de tout le jour je vous avois quitté
Je vous soupçonnerois de cette nouveauté.

DORANTE.

Tu ne me quittas point pour entrer chez Lucrèce ?

CLITON.

Ah ! monsieur, m'auriez-vous joué ce tour d'ad

DORANTE.

Nous nous battîmes hier, et j'avois fait serment
De ne parler jamais de cet événement ;
Mais à toi, de mon cœur l'unique secrétaire,
A toi, de mes secrets le grand dépositaire,

Je ne celerai rien, puisque je l'ai promis.
Depuis cinq ou six mois nous étions ennemis :
Il passa par Poitiers, où nous prîmes querelle ;
Et comme on nous fit lors une paix telle quelle
Nous sûmes l'un à l'autre en secret protester
Qu'à la première vue il en faudroit tâter.
Hier nous nous rencontrons; cette ardeur se réveille,
Fait de notre embrassade un appel à l'oreille ;
Je me défais de toi, j'y cours, je le rejoins,
Nous vidons sur le pré l'affaire sans témoins,
Et le perçant à jour de deux coups d'estocade
Je le mets hors d'état d'être jamais malade :
Il tombe dans son sang.

CLITON.

A ce compte il est mort ?

DORANTE.

Je le laissai pour tel.

CLITON.

Certes je plains son sort ;
Il étoit honnête homme, et le ciel ne déploie...

SCÈNE II.

DORANTE, ALCIPPE, CLITON.

ALCIPPE.

Je te veux, cher ami, faire part de ma joie.
Je suis heureux ; mon père...

DORANTE.

Eh bien

ALCIPPE.

Vient d'arriver.

CLITON à Dorante.

Cette place pour vous est commode à rêver.

DORANTE.

Ta joie est peu commune, et pour revoir un père
Un homme tel que nous ne se réjouit guère.

ALCIPPE.

Un esprit que la joie entièrement saisit
Présume qu'on l'entend au moindre mot qu'il dit.
Sache donc que je touche à l'heureuse journée
Qui doit avec Clarice unir ma destinée:
On attendoit mon père afin de tout signer.

DORANTE.

C'est ce que mon esprit ne pouvoit deviner;
Mais je m'en réjouis. Tu vas entrer chez elle?

ALCIPPE.

Oui je lui vais porter cette heureuse nouvelle,
Et je t'en ai voulu faire part en passant.

DORANTE.

Tu t'acquiers d'autant plus un cœur reconnoissant.
Enfin donc ton amour ne craint plus de disgrâce?

ALCIPPE.

Cependant qu'au logis mon père se délasse
J'ai voulu par devoir prendre l'heure du sien.

CLITON à Dorante.

Les gens que vous tuez se portent assez bien.

ALCIPPE.

Je n'ai de part ni d'autre aucune défiance.
Excuse d'un amant la juste impatience.
Adieu.

DORANTE.

Le ciel te donne un hymen sans souci!

SCÈNE III.

DORANTE, CLITON.

CLITON.

Il est mort! Quoi! monsieur, vous m'en donnez aussi!
A moi, de votre cœur l'unique secrétaire!
A moi, de vos secrets le grand dépositaire!
Avec ces qualités j'avois lieu d'espérer
Qu'assez malaisément je pourrois m'en parer.

DORANTE.

Quoi! mon combat te semble un conte imaginaire?

CLITON.

Je croirai tout, monsieur, pour ne vous pas déplaire;
Mais vous en contez tant, à toute heure, en tous lieux
Qu'il faut bien de l'esprit avec vous et bons yeux:
Maure, juif ou chrétien, vous n'épargnez personne.

DORANTE.

Alcippe te surprend, sa guérison t'étonne!
L'état où je le mis étoit fort périlleux;
Mais il est à présent des secrets merveilleux.
Ne t'a-t-on point parlé d'une source de vie
Que nomment nos guerriers poudre de sympathie?
On en voit tous les jours des effets étonnans.

CLITON.

Encor ne sont-ils pas du tout si surprenans;
Et je n'ai point appris qu'elle eût tant d'efficace
Qu'un homme que pour mort on laisse sur la place,
Qu'on a de deux grands coups percé de part en part,
Soit dès le lendemain si frais et si gaillard.

DORANTE.

La poudre que tu dis n'est que de la commune;

On n'en fait plus de cas ; mais, Cliton, j'en sais une
Qui rappelle sitôt des portes du trépas
Qu'en moins d'une heure ou deux on ne s'en souvient pas.
Quiconque la sait faire a de grands avantages.

CLITON.

Donnez-m'en le secret, et je vous sers sans gages.

DORANTE.

Je te le donnerois et tu serois heureux ;
Mais le secret consiste en quelques mots hébreux,
Qui tous à prononcer sont si fort difficiles,
Que ce seroit pour toi des trésors inutiles.

CLITON.

Vous savez donc l'hébreu ?

DORANTE.

L'hébreu ? parfaitement.
J'ai dix langues, Cliton, à mon commandement.

CLITON.

Vous auriez bien besoin de dix des mieux nourries
Pour fournir tour à tour à tant de menteries :
Vous les hachez menu comme chair à pâtés.
Vous avez tout le corps bien plein de vérités ;
Il n'en sort jamais une.

DORANTE.

Ah ! cervelle ignorante !
Mais mon père survient.

SCÈNE IV.

GÉRONTE, DORANTE, CLITON.

GÉRONTE.

Je vous cherchois, Dorante.

DORANTE bas.

Je ne vous cherchois pas moi. Que mal à propos

Son abord importun vient troubler mon repos !
Et qu'un père incommode un homme de mon âge !

GÉRONTE.

Vu l'étroite union que fait le mariage,
J'estime qu'en effet c'est n'y consentir point
Que laisser désunis ceux que le ciel a joint.
La raison le défend ; et je sens dans mon ame
Un violent désir de voir ici ta femme.
J'écris donc à son père : écris-lui comme moi.
Je lui mande qu'après ce que j'ai su de toi
Je me tiens trop heureux qu'une si belle fille,
Si sage et si bien née entre dans ma famille.
J'ajoute à ce discours que je brûle de voir
Celle qui de mes ans devient l'unique espoir ;
Que pour me l'amener tu t'en vas en personne,
Car enfin il le faut, et le devoir l'ordonne ;
N'envoyer qu'un valet sentiroit son mépris.

DORANTE.

De vos civilités il sera bien surpris ;
Et pour moi, je suis prêt : mais je perdrai ma peine.
Il ne souffrira pas encor qu'on vous l'amène ;
Elle est grosse.

GÉRONTE.

Elle est grosse !

DORANTE.

Et de plus de six mois.

GÉRONTE.

Que de ravissemens je sens à cette fois !

DORANTE.

Vous ne voudriez pas hasarder sa grossesse ?

GÉRONTE.

Non, j'aurai patience autant que d'allégresse ;
Pour hasarder ce gage il m'est trop précieux.
A ce coup ma prière a pénétré les cieux.

Je pense en le voyant que je mourrai de joie.
Adieu, je vais changer la lettre que j'envoie,
En écrire à son père un nouveau compliment,
Le prier d'avoir soin de son accouchement,
Comme le seul espoir où mon bonheur se fonde.

DORANTE à Cliton.

Le bonhomme s'en va le plus content du monde.

GÉRONTE se retournant.

Ecris-lui comme moi.

DORANTE.

Je n'y manquerai pas.

(A Cliton.)

Qu'il est bon!

CLITON.

Taisez-vous, il revient sur ses pas.

GÉRONTE.

Il ne me souvient plus du nom de ton beau-père.
Comment s'appelle-t-il?

DORANTE.

Il n'est pas nécessaire.
Sans que vous vous donniez ces soucis superflus,
En fermant le papier j'écrirai le dessus.

GÉRONTE.

Etant tout d'une main, il sera plus honnête.

DORANTE à part le premier vers.

Ne lui pourrai-je ôter ce souci de la tête?
Votre main ou la mienne il n'importe des deux.

GÉRONTE.

Ces nobles de province y sont un peu fâcheux.

DORANTE.

Son père sait la cour.

GÉRONTE.

Ne me fais plus attendre:
Dis-moi...

DORANTE à part.

Que lui dirai-je?

GÉRONTE.

Il s'appelle?

DORANTE.

Pyrandre.

GERONTE.

Pyrandre! tu m'as dit tantôt un autre nom;
C'étoit, je m'en souviens, oui, c'étoit Armédon.

DORANTE.

Oui, c'est là son nom propre, et l'autre d'une terre;
Il portoit ce dernier quand il fut à la guerre,
Et se sert si souvent de l'un et l'autre nom
Que tantôt c'est Pyrandre et tantôt Armédon.

GÉRONTE.

C'est un abus commun qu'autorise l'usage,
Et j'en usois ainsi du temps de mon jeune âge.
Adieu, je vais écrire.

SCÈNE V.

DORANTE, CLITON.

DORANTE.

Enfin j'en suis sorti.

CLITON.

Il faut bonne mémoire après qu'on a menti.

DORANTE.

L'esprit a secouru le défaut de mémoire.

CLITON.

Mais on éclaircira bientôt toute l'histoire.
Après ce mauvais pas où vous avez bronché
Le reste encor long-temps ne peut être caché:

On le sait chez Lucrèce et chez cette Clarice
Qui, d'un mépris si grand piquée avec justice,
Dans son ressentiment prendra l'occasion
De vous couvrir de honte et de confusion.

DORANTE.

Ta crainte est bien fondée ; et puisque le temps presse
Il faut tâcher en hâte à m'engager Lucrèce.
Voici tout à propos ce que j'ai souhaité.

SCÈNE VI.

DORANTE, CLITON, SABINE.

DORANTE.

Chère amie, hier au soir j'étois si transporté
Qu'en ce ravissement je ne pus me permettre
De bien penser à toi quand j'eus lu cette lettre :
Mais tu n'y perdras rien, et voici pour le port.

SABINE.

Ne croyez pas, monsieur...

DORANTE.

Tiens.

SABINE.

Vous me faites tort.
Je ne suis pas de...

DORANTE.

Prends!

SABINE.

Hé! monsieur!

DORANTE.

Prends, te dis-je;
Je ne suis point ingrat alors que l'on m'oblige.
Dépêche, tends la main.

CLITON.

Qu'elle y fait de façons !
Je lui veux par pitié donner quelques leçons.
Chère amie, entre nous, toutes les révérences
En ces occasions ne sont qu'impertinences ;
Si ce n'est assez d'une, ouvre toutes les deux ;
Le métier que tu fais ne veux point de honteux.
Sans te piquer d'honneur crois qu'il n'est que de prendre
Et que tenir vaut mieux mille fois que d'attendre.
Cette pluie est fort douce ; et quand j'en vois pleuvoir
J'ouvrirois jusqu'au cœur pour la mieux recevoir.
On prend à toutes mains dans le siècle où nous sommes
Et refuser n'est plus le vice des grands hommes.
Retiens bien ma doctrine ; et pour faire amitié,
Si tu veux, avec toi je serai de moitié.

SABINE.

Cet article est de trop.

DORANTE.

Vois-tu, je me propose
De faire avec le temps pour toi toute autre chose.
Mais comme j'ai reçu cette lettre de toi
En voudrois-tu donner la réponse pour moi ?

SABINE.

Je la donnerois bien ; mais je n'ose vous dire
Que ma maîtresse daigne ou la prendre ou la lire.
J'y ferai mon effort.

CLITON.

Voyez, elle se rend
Plus douce qu'un épouse et plus souple qu'un gant.

DORANTE.

(Bas à Cliton.) (Haut à Sabine.)

Le secret a joué. Présente-la, n'importe ;
Elle n'a pas pour moi d'aversion si forte.
Je reviens dans une heure en apprendre l'effet.

SABINE.

Je vous conterai lors tout ce que j'aurai fait.

SCÈNE VII.

CLITON, SABINE.

CLITON.

Tu vois que les effets préviennent les paroles ;
C'est un homme qui fait litière de pistoles.
Mais, comme auprès de lui je puis beaucoup pour toi...

SABINE.

Fais tomber de la pluie, et laisse faire à moi.

CLITON.

Tu viens d'entrer en goût.

SABINE.

Avec mes révérences
Je ne suis pas encor si dupe que tu penses ;
Je sais bien mon métier, et ma simplicité
Joue aussi bien son jeu, que ton avidité.

CLITON.

Si tu sais ton métier, dis-moi quelle espérance
Doit obstiner mon maître à la persévérance.
Sera-t-elle insensible ? en viendrons-nous à bout ?

SABINE.

Puisqu'il est si brave homme, il faut te dire tout.
Pour te désabuser sache donc que Lucrèce
N'est rien moins qu'insensible à l'ardeur qui le presse ;
Durant toute la nuit elle n'a point dormi ;
Et, si je ne me trompe, elle l'aime à demi.

CLITON.

Mais sur quel privilége est-ce qu'elle se fonde,
Quand elle aime à demi, de maltraiter le monde ?

Il n'en a cette nuit reçu que des mépris.
Chère amie, après tout, mon maître vaut son prix :
Ces amours à demi sont d'une étrange espèce,
Et, s'il vouloit me croire, il quitteroit Lucrèce.

SABINE.

Qu'il ne se hâte point ; on l'aime assurément.

CLITON.

Mais on le lui témoigne un peu bien rudement,
Et je ne vis jamais de méthodes pareilles.

SABINE.

Elle tient, comme on dit, le loup par les oreilles.
Elle l'aime, et son cœur n'y sauroit consentir,
Parceque d'ordinaire il ne sait que mentir.
Hier même elle le vit dedans les Tuileries,
Où tout ce qu'il conta n'étoit que menteries.
Il en a fait autant depuis à deux ou trois.

CLITON.

Les menteurs les plus grands disent vrai quelquefois.

SABINE.

Elle a lieu de douter, et d'être en défiance.

CLITON.

Qu'elle donne à ses feux un peu plus de croyance ;
Il n'a fait toute nuit que soupirer d'ennui.

SABINE.

Peut-être que tu mens aussi bien comme lui.

CLITON.

Je suis homme d'honneur ; tu me fais injustice.

SABINE.

Mais dis-moi, sais-tu bien qu'il n'aime plus Clarice ?

CLITON.

Il ne l'aima jamais.

SABINE.

Pour certain ?

CLITON.

Pour certain.

SABINE.

Qu'il ne craigne donc plus de soupirer en vain.
Aussitôt que Lucrèce a pu le reconnoître
Elle a voulu qu'exprès je me sois fait paroître
Pour voir si par hasard il ne me diroit rien :
Et, s'il l'aime en effet, tout le reste ira bien.
Va-t'en, et sans te mettre en peine de m'instruire,
Crois que je lui dirai tout ce qu'il lui faut dire.

CLITON.

Adieu. De ton côté si tu fais ton devoir,
Tu dois croire du mien que je ferai pleuvoir.

SABINE seule.

Que je vais bientôt voir une fille contente !
Mais la voici déjà. Qu'elle est impatiente !
Comme elle a les yeux fins ! elle a vu le poulet.

SCÈNE VIII.

LUCRÈCE, SABINE.

LUCRÈCE.

Eh bien ! que t'ont conté le maître et le valet ?

SABINE.

Le maître et le valet m'ont dit la même chose :
Le maître est tout à vous, et voici de sa prose.

LUCRÈCE après avoir lu.

Dorante avec chaleur fait le passionné ;
Mais le fourbe qu'il est nous en a trop donné,
Et je ne suis pas fille à croire ses paroles.

SABINE.

Je ne les crois non plus, mais j'en crois ses pistoles.

LUCRÈCE.

Il t'a donc fait présent?

SABINE.

Voyez.

LUCRÈCE.

Et tu l'as pris?

SABINE.

Pour vous ôter du trouble où flottent vos esprits,
Et vous mieux témoigner ses flammes véritables,
J'en ai pris les témoins les plus indubitables;
Et je remets, madame, au jugement de tous
Si qui donne à vos gens est sans amour vous,
Et si ce traitement marque une ame commune.

LUCRÈCE.

Je ne m'oppose pas à ta bonne fortune;
Mais comme en l'acceptant tu sors de ton devoir
Du moins une autre fois ne m'en fais rien savoir.

SABINE.

Mais à ce libéral que pourrois-je promettre?

LUCRÈCE.

Dis-lui que sans la voir j'ai déchiré sa lettre.

SABINE.

O ma bonne fortune! où vous enfuyez-vous?

LUCRÈCE.

Mêles-y de ta part deux ou trois mots plus doux.
Conte-lui dextrement le naturel des femmes;
Dis-lui qu'avec le temps on amollit leurs ames,
Et l'avertis surtout des heures et des lieux
Où par rencontre il peut se montrer à mes yeux
Parcequ'il est grand fourbe, il faut que je m'assure.

SABINE

Ah! si vous connoissiez les peines qu'il endure,
Vous ne douteriez plus si son cœur est atteint;
Toute nuit il soupire, il gémit, il se plaint.

LUCRÈCE.

Pour apaiser les maux que cause cette plainte
Donne-lui de l'espoir avec beaucoup de crainte
Et sache entre les deux toujours le modérer
Sans m'engager à lui ni le désespérer.

SCÈNE IX.

CLARICE, LUCRÈCE, SABINE.

CLARICE.

Il t'en veut tout de bon, et m'en voilà défaite;
Mais je souffre aisément la perte que j'ai faite,
Alcippe la répare, et son père est ici.

LUCRÈCE.

Te voilà donc bientôt quitte d'un grand souci.

CLARICE.

M'en voilà bientôt quitte; et toi te voilà prête
A t'enrichir bientôt d'une étrange conquête.
Tu sais ce qu'il m'a dit.

SABINE.

S'il vous mentoit alors,
A présent il dit vrai, j'en réponds corps pour corps.

CLARICE.

Peut-être qu'il le dit; mais c'est un grand peut-être.

LUCRÈCE.

Dorante est un grand fourbe, et nous l'a fait connoître;
Mais s'il continuoit encore à m'en conter
Peut-être avec le temps il me feroit douter.

CLARICE.

Si tu l'aimes, du moins, étant bien avertie,
Prends bien garde à ton fait, et fais bien ta partie.

LUCRÈCE.

C'en est trop, et tu dois seulement présumer
Que je penche à le croire, et non pas à l'aimer.

CLARICE.

De le croire à l'aimer la distance est petite ;
Qui fait croire ses feux fait croire son mérite;
Ces deux points en amour se suivent de si près
Que qui se croit aimée aime bientôt après.

LUCRÈCE.

La curiosité souvent dans quelques ames
Produit le même effet que produiroient des flammes.

CLARICE.

Je suis prête à le croire afin de t'obliger.

SABINE.

Vous me feriez ici toutes deux enrager.
Voyez qu'il est besoin de tout ce badinage!
Faites moins la sucrée, et changez de langage,
Ou vous n'en casserez, ma foi, que d'une dent.

LUCRÈCE.

Laissons là cette folle, et dis-moi cependant,
Quand nous le vîmes hier dedans les Tuileries,
Qu'il te conta d'abord tant de galanteries,
Il fut, où je me trompe, assez bien écouté.
Etoit-ce amour alors ou curiosité?

CLARICE.

Curiosité pure, avec dessein de rire
De tous les complimens qu'il auroit pu me dire.

LUCRÈCE.

Je fais de ce billet même chose à mon tour;
Je l'ai pris, je l'ai lu, mais le tout sans amour:
Curiosité pure, avec dessein de rire
De tous les complimens qu'il auroit pu m'écrire.

CLARICE.

Ce sont deux que de lire et d'avoir écouté;

L'un est grande faveur ; l'autre civilité.
Mais trouves-y ton compte, et j'en serai ravie ;
En l'état où je suis je parle sans envie.

LUCRÈCE.

Sabine lui dira que je l'ai déchiré.

CLARICE.

Nul avantage ainsi n'en peut être tiré.
Tu n'es que curieuse.

LUC[illegible]CE.

Ajoute, à ton exemple.

CLARICE.

Soit. Mais il est saison que nous allions au temple.

LUCRÈCE à Clarice.

Allons.

(A Sabine.)

Si tu le vois, agis comme tu sais.

SABINE.

Ce n'est pas sur ce coup que je fais mes essais :
Je connois à tous deux où tient la maladie,
Et le mal sera grand si je n'y remédie.
Mais sachez qu'il est homme à prendre sur le vert.

LUCRÈCE.

Je te croirai.

SABINE.

Mettons cette pluie à couvert.

ACTE CINQUIÈME.

SCÈNE I.

GÉRONTE, PHILISTE.

GÉRONTE.

Je ne pouvois avoir rencontre plus heureuse
Pour satisfaire ici mon humeur curieuse.
Vous avez feuilleté le digeste à Poitiers,
Et vu, comme mon fils, les gens de ces quartiers ;
Ainsi vous me pouvez facilement apprendre
Quelle est et la famille et le bien de Pyrandre ?

PHILISTE.

Quel est-il ce Pyrandre ?

GÉRONTE.

Un de leurs citoyens,
Noble, à ce qu'on m'a dit, mais un peu mal en biens.

PHILISTE.

Il n'est dans tout Poitiers bourgeois ni gentilhomme
Qui, si je m'en souviens, de la sorte se nomme.

GÉRONTE.

Vous le connoîtrez mieux peut-être à l'autre nom ;
Ce Pyrandre s'appelle autrement Armédon.

PHILISTE.

Aussi peu l'un que l'autre.

GÉRONTE.

Et le père d'Orphise,
Cette rare beauté qu'en ces lieux même on prise ?

Vous connoissez le nom de cet objet charmant,
Qui fait de ces cantons le plus digne ornement?

PHILISTE.

Croyez que cette Orphise, Armédon et Pyrandre
Sont gens dont à Poitiers on ne peut rien apprendre.
S'il vous faut sur ce point encor quelque garant...

GÉRONTE.

En faveur de mon fils vous faites l'ignorant;
Mais je ne sais que trop qu'il aime cette Orphise,
Et qu'après les douceurs d'une longue hantise
On l'a seul dans sa chambre avec elle trouvé;
Que par son pistolet un désordre arrivé
L'a forcé sur-le-champ d'épouser cette belle.
Je sais tout, et de plus ma bonté paternelle
M'a fait y consentir; et votre esprit discret
N'a plus d'occasion de m'en faire un secret.

PHILISTE.

Quoi! Dorante a donc fait un secret mariage?

GÉRONTE.

Et, comme je suis bon, je pardonne à son âge.

PHILISTE.

Qui vous l'a dit?

GÉRONTE.

Lui-même.

PHILISTE.

Ah! puisqu'il vous l'a dit,
Il vous fera du reste un fidèle récit;
Il en sait mieux que moi toutes les circonstances;
Non qu'il vous faille en prendre aucune défiance;
Mais il a le talent de bien imaginer,
Et moi je n'eus jamais celui de deviner.

GÉRONTE.

Vous me feriez par là soupçonner son histoire.

PHILISTE.

Non, sa parole est sûre, et vous pouvez l'en croire ;
Mais il nous servit hier d'une collation
Qui partoit d'un esprit de grande invention ;
Et si ce mariage est de même méthode,
La pièce est fort complète et des plus à la mode.

GERONTE.

Prenez-vous du plaisir à me mettre en courroux ?

PHILISTE.

Ma foi, vous en tenez aussi bien comme nous ;
Et, pour vous en parler avec plus de franchise,
Si vous n'avez jamais pour bru que cette Orphise,
Vos chers collatéraux s'en trouveront fort bien.
Vous m'entendez ; adieu, je ne vous dis plus rien.

SCÈNE II.

GÉRONTE.

O vieillesse facile ! ô jeunesse impudente !
O de mes cheveux gris honte trop évidente
Est-il dessous le ciel père plus malheureux ?
Est-il affront plus grand pour un cœur généreux ?
Dorante n'est qu'un fourbe ; et cet ingrat que j'aime,
Après m'avoir fourbé me fait fourber moi-même ;
Et d'un discours en l'air qu'il forge en imposteur
Il me fait le trompette et le second auteur !
Comme si c'étoit peu, pour mon reste de vie,
De n'avoir à rougir que de son infamie,
L'infâme, se jouant de mon trop de bonté,
Me fait encor rougir de ma crédulité !

SCÈNE III.

GÉRONTE, DORANTE, CLITON.

GÉRONTE.

Etes-vous gentilhomme ?

DORANTE, à part les premiers mots.

Ah ! rencontre fâcheuse !
Etant sorti de vous, la chose est peu douteuse.

GÉRONTE.

Croyez-vous qu'il suffit d'être sorti de moi ?

DORANTE.

Avec toute la France aisément je le croi.

GÉRONTE.

Et ne savez-vous pas, avec toute la France,
D'où ce titre d'honneur a tiré sa naissance,
Et que la vertu seule a mis en ce haut rang
Ceux qui l'ont jusqu'à moi fait passer dans leur sang?

DORANTE.

J'ignorerois un point que n'ignore personne,
Que la vertu l'acquiert, comme le sang la donne.

GÉRONTE.

Où le sang a manqué, si la vertu l'acquiert,
Où le sang l'a donné, le vice aussi la perd.
Ce qui naît d'un moyen périt par son contraire;
Tout ce que l'un a fait, l'autre peut le défaire,
Et dans la lâcheté du vice où je te voi
Tu n'es plus gentilhomme étant sorti de moi.

DORANTE.

Moi?

GÉRONTE.

Laisse-moi parler, toi de qui l'imposture
Souille honteusement ce don de la nature;

Qui se dit gentilhomme, et ment comme tu fais,
Il ment quand il le dit, et ne le fut jamais.
Est-il vice plus bas? est-il tache plus noire,
Plus indigne d'un homme élevé pour la gloire?
Est-il quelque foiblesse, est-il quelque action
Dont un cœur vraiment noble ait plus d'aversion,
Puisqu'un seul démenti lui porte une infamie
Qu'il ne peut effacer s'il n'expose sa vie,
Et si dedans le sang il ne lave l'affront
Qu'un si honteux outrage imprime sur son front?

DORANTE.

Qui vous dit que je mens?

GERONTE.

Qui me le dit, infâme?
Dis-moi, si tu le peux, dis le nom de ta femme,
Le conte qu'hier au soir tu m'en fis publier...

CLITON à Dorante.

Dites que le sommeil vous l'a fait oublier.

GERONTE

Ajoute, ajoute encore avec effronterie
Le nom de ton beau-père et de sa seigneurie;
Invente à m'éblouir quelques nouveaux détours.

CLITON à Dorante.

Appelez la mémoire ou l'esprit au secours.

GERONTE.

De quel front cependant faut-il que je confesse
Que ton effronterie a surpris ma vieillesse;
Qu'un homme de mon âge a cru légèrement
Ce qu'un homme du tien débite impudemment?
Tu me fais donc servir de fable et de risée,
Passer pour esprit foible ou pour cervelle usée!
Mais, dis-moi, te portois-je à la gorge un poignard?
Voyois-tu violence ou courroux de ma part?
Si quelque aversion t'éloignoit de Clarice,

Quel besoin avois-tu d'un si lâche artifice ?
Et pouvois-tu douter que mon consentement
Ne dût tout accorder à ton contentement,
Puisque mon indulgence, au dernier point venue,
Approuvoit à tes yeux l'hymen d'une inconnue ?
Ce grand excès d'amour que je t'ai témoigné
N'a point touché ton cœur, ou ne l'a point gagné ;
Ingrat, tu m'as payé d'une impudente feinte,
Et tu n'as eu pour moi respect, amour, ni crainte.
Va, je te désavoue.

DORANTE.

Eh ! mon pére, écoutez...

GERONTE.

Quoi ! des contes en l'air et sur l'heure inventés ?

DORANTE.

Non, la vérité pure.

GERONTE.

En est-il dans ta bouche ?

CLITON à Dorante.

Voici pour votre adresse une assez rude touche.

DORANTE.

Epris d'une beauté qu'à peine j'ai pu voir
Qu'elle a pris sur mon ame un absolu pouvoir,
De Lucréce, en un mot... vous la pouvez connoître.

GERONTE.

Dis vrai, je la connois et ceux qui l'ont fait naître :
Son pére est mon ami.

DORANTE.

Mon cœur en un moment
Etant de ses regards charmé si puissamment,
Le choix que vos bontés avoient fait de Clarice
Sitôt que je le sus me parut un supplice ;
Mais comme j'ignorois si Lucréce et son sort
Pouvoient avec le vôtre avoir quelque rapport,

Je n'osai pas encor vous découvrir la flamme
Que venoient ses beautés d'allumer dans mon ame ;
Et j'avois ignoré, monsieur, jusqu'à ce jour
Que l'adresse d'esprit fût un crime en amour.
Mais si je vous osois demander quelque grâce,
A présent que je sais et son bien et sa race,
Je vous conjurerois, par les nœuds les plus doux
Dont l'amour et le sang puissent m'unir à vous,
De seconder mes vœux auprès de cette belle ;
Obtenez-la d'un père, et je l'obtiendrai d'elle.

GERONTE.

Tu me fourbes encor.

DORANTE.

Si vous ne m'en croyez,
Croyez-en pour le moins Cliton, que vous voyez ;
Il sait tout mon secret.

GÉRONTE.

Tu ne meurs point de honte
Qu'il faille que de lui je fasse plus de compte,
Et que ton père même, en doute de ta foi,
Donne plus de croyance à ton valet qu'à toi !
Ecoute, je suis bon, et malgré ma colère,
Je veux encore un coup montrer un cœur de père,
Je veux encore un coup pour toi me hasarder.
Je connois ta Lucrèce, et la vais demander ;
Mais si de ton côté le moindre obstacle arrive...

DORANTE.

Pour vous mieux assurer souffrez que je vous suive.

GÉRONTE.

Demeure ici, demeure, et ne suis point mes pas ;
Je doute, je hasarde, et je ne te crois pas.
Mais sache que tantôt si pour cette Lucrèce
Tu fais la moindre fourbe ou la moindre finesse
Tu peux bien fuir mes yeux, et ne me voir jamais ;

Autrement souviens-toi du serment que je fais :
Je jure les rayons du jour qui nous éclaire
Que tu ne mourras point que de la main d'un père,
Et que ton sang indigne à mes pieds répandu
Rendra prompte justice à mon honneur perdu.

SCÈNE IV.

DORANTE, CLITON.

DORANTE.

Je crains peu les effets d'une telle menace.

CLITON.

Vous vous rendez trop tôt, et de mauvaise grâce ;
Et cet esprit adroit, qui l'a dupé deux fois,
Devoit en galant homme aller jusques à trois :
Toutes tierces, dit-on, sont bonnes ou mauvaises.

DORANTE.

Cliton, ne raille point, que tu ne me déplaises ;
D'un trouble tout nouveau j'ai l'esprit agité.

CLITON.

N'est-ce point du remords d'avoir dit vérité ?
Si pourtant ce n'est point quelque nouvelle adresse ;
Car je doute à présent si vous aimez Lucrèce,
Et vous vois si fertile en semblables détours
Que, quoi que vous disiez, je l'entends au rebours.

DORANTE.

Je l'aime, et sur ce point ta défiance est vaine :
Mais je hasarde trop, et c'est ce qui me gêne.
Si son père et le mien ne tombent point d'accord,
Tout commerce est rompu, je fais naufrage au port ;
Et d'ailleurs, quand l'affaire entre eux seroit conclue,
Suis-je sûr que la fille y soit bien résolue ?

J'ai tantôt vu passer cet objet si charmant ;
Sa compagne, ou je meure, a beaucoup d'agrément.
Aujourd'hui que mes yeux l'ont mieux examinée
De mon premier amour j'ai l'ame un peu gênée :
Mon cœur entre les deux est presque partagé,
Et celle-ci l'auroit s'il n'étoit engagé.

CLITON.

Mais pourquoi donc montrer une flamme si grande,
Et porter votre père à faire une demande ?

DORANTE.

Il ne m'auroit pas cru si je ne l'avois fait ?

CLITON.

Quoi ! même en disant vrai vous mentiez en effet ?

DORANTE.

C'étoit le seul moyen d'apaiser sa colère.
Que maudit soit quiconque a détrompé mon père !
Avec ce faux hymen j'aurois eu le loisir
De consulter mon cœur, et je pourrois choisir.

CLITON.

Mais sa compagne enfin n'est autre que Clarice.

DORANTE.

Je me suis donc rendu moi-même un bon office.
Oh ! qu'Alcippe est heureux, et que je suis confus !
Mais Alcippe après tout n'aura que mon refus.
N'y pensons plus, Cliton, puisque la place est prise.

CLITON.

Vous en voilà défait aussi bien que d'Orphise.

DORANTE.

Reportons à Lucrèce un esprit ébranlé,
Que l'autre à ses yeux même avoit presque volé.
Mais Sabine survient.

SCÈNE V.

DORANTE, SABINE, CLITON.

DORANTE.

Qu'as-tu fait de ma lettre?
En de si belles mains as-tu su la remettre?

SABINE.

Oui, monsieur, mais...

DORANTE.

Quoi! mais?

SABINE.

Elle l'a déchiré.

DORANTE.

Sans lire?

SABINE.

Sans rien lire.

DORANTE.

Et tu l'as enduré?

SABINE.

Ah! si vous aviez vu comme elle m'a grondée!
Elle me va chasser; l'affaire en est vidée.

DORANTE.

Elle s'apaisera: mais pour t'en consoler
Tends la main.

SABINE.

Eh! monsieur!

DORANTE.

Ose encor lui parler:
Je ne perds pas sitôt toutes mes espérances.

CLITON.

Voyez la bonne pièce avec ses révérences!

Comme ses déplaisirs sont déjà consolés!
Elle vous en dira plus que vous n'en voulez.

DORANTE.

Elle a donc déchiré mon billet sans le lire?

SABINE.

Elle m'avoit donné charge de vous le dire;
Mais à parler sans fard...

CLITON.

Sait-elle son métier!

SABINE.

Elle n'en a rien fait, et l'a lu tout entier:
Je ne puis si long-temps abuser un brave homme.

CLITON.

Si quelqu'un l'entend mieux, j'irai le dire à Rome.

DORANTE.

Elle ne me hait pas, à ce compte?

SABINE.

Elle? non.

DORANTE.

M'aime-t-elle?

SABINE.

Non plus.

DORANTE.

Tout de bon.

SABINE.

Tout de bon.

DORANTE.

Aime-t-elle quelque autre?

SABINE.

Encor moins.

DORANTE.

Qu'obtiendrai-je?

SABINE.

Je ne sais.

DORANTE.

Mais enfin dis-moi.

SABINE.

Que vous dirai-je ?

DORANTE.

Vérité.

SABINE.

Je la dis.

DORANTE.

Mais elle m'aimera ?

SABINE.

Peut-être.

DORANTE.

Et quand encor ?

SABINE.

Quand elle vous croira.

DORANTE.

Quand elle me croira ! Que ma joie est extrême !

SABINE.

Quand elle vous croira dites qu'elle vous aime.

DORANTE.

Je le dis déjà donc, et m'en ose vanter,
Puisque ce cher objet n'en sauroit plus douter :
Mon pére...

SABINE.

La voici qui vient avec Clarice.

SCÈNE VI.

CLARICE, LUCRÈCE, DORANTE, SABINE, CLITON.

CLARICE à Lucrèce.

Il peut te dire vrai, mais ce n'est pas son vice :

Comme tu le connois, ne précipite rien.

DORANTE à Clarice

Beauté qui pouvez seule et mon mal et mon bien...

CLARICE à Lucrèce.

On diroit qu'il m'en veut, et c'est moi qu'il regarde.

LUCRÈCE à Clarice.

Quelques regards sur toi sont tombés par mégarde.
Voyons s'il continue.

DORANTE à Clarice

Ah ! que loin de vos yeux
Les momens à mon cœur deviennent ennuyeux !
Et que je reconnois par mon expérience
Quel supplice aux amans est une heure d'absence !

CLARICE à Lucrèce.

Il continue encor.

LUCRÈCE à Clarice.

Mais vois ce qu'il m'écrit.

CLARICE à Lucrèce.

Mais écoute.

LUCRÈCE à Clarice.

Tu prends pour toi ce qu'il me dit.

CLARICE à Lucrèce.

Eclaircissons-nous-en. Vous m'aimez donc, Dorante!

DORANTE à Clarice.

Hélas! que cette amour vous est indifférente!
Depuis que vos regards m'ont mis sous votre loi...

CLARICE à Lucrèce.

Crois-tu que le discours s'adresse encore à toi?

LUCRÈCE à Clarice.

Je ne sais où j'en suis.

CLARICE à Lucrèce.

Oyons la fourbe entière.

LUCRÈCE à Clarice.

Vu ce que nous savons, elle est un peu grossière.

CLARICE à Lucrèce.

C'est ainsi qu'il partage entre nous son amour ;
Il te flatte de nuit, et m'en conte de jour.

DORANTE à Clarice.

Vous consultez ensemble ! Ah ! quoi qu'elle vous die,
Sur de meilleurs conseils disposez de ma vie :
Le sien auprès de vous me seroit trop fatal;
Elle a quelque sujet de me vouloir du mal.

LUCRÈCE à part.

Ah ! je n'en ai que trop ; et si je ne me venge...

CLARICE à Dorante.

Ce qu'elle me disoit est de vrai fort étrange.

DORANTE.

C'est quelque invention de son esprit jaloux.

CLARICE.

Je le crois ; mais enfin me reconnoissez-vous ?

DORANTE.

Si je vous reconnois? Quittez ces railleries,
Vous que j'entretins hier dedans les Tuileries,
Que je fis aussitôt maîtresse de mon sort.

CLARICE.

Si je veux toutefois en croire son rapport,
Pour une autre déjà votre ame inquiétée...

DORANTE.

Pour une autre déjà je vous aurois quittée !
Que plutôt à vos pieds mon cœur sacrifié...

CLARICE.

Bien plus, si je la crois, vous êtes marié.

DORANTE.

Vous me jouez, madame; et sans doute pour rire
Vous prenez du plaisir à m'entendre redire

Qu'à dessein de mourir en des liens si doux
Je me fais marié pour toute autre que vous.

CLARICE.

Mais avant qu'avec moi le nœud d'hymen vous lie
Vous serez marié, si l'on veut, en Turquie.

DORANTE.

Avant qu'avec toute autre on me puisse engager
Je serai marié, si l'on veut, en Alger.

CLARICE.

Mais enfin vous n'avez que mépris pour Clarice.

DORANTE.

Mais enfin vous savez le nœud de l'artifice,
Et que pour être à vous je fais ce que je puis.

CLARICE.

Je ne sais plus moi-même à mon tour où j'en suis.
Lucrèce, écoute un mot.

DORANTE à Cliton.

Lucrèce! Que dit-elle?

CLITON à Dorante.

Vous en tenez, monsieur, Lucrèce est la plus belle;
Mais laquelle des deux? J'en ai le mieux jugé,
Et vous auriez perdu si vous aviez gagé.

DORANTE à Cliton.

Cette nuit à la voix j'ai cru la reconnoître.

CLITON à Dorante.

Clarice sous son nom parloit à sa fenêtre;
Sabine m'en a fait un second entretien.

DORANTE à Cliton.

Bonne bouche! j'en tiens; mais l'autre la vaut bien,
Et comme dès tantôt je la trouve bien faite
Mon cœur déjà penchoit où mon erreur le jette.
Ne me découvre point, et dans ce nouveau feu
Tu me vas voir, Cliton, jouer un nouveau jeu:
Sans changer de discours changeons de batterie.

LUCRÈCE à Clarice.

Voyons le dernier point de son effronterie :
Quand tu lui diras tout il sera bien surpris.

CLARICE à Dorante.

Comme elle est mon amie, elle m'a tout appris.
Cette nuit vous l'aimiez, et m'avez méprisée :
Laquelle de nous deux avez-vous abusée ?
Vous lui parliez d'amour en termes assez doux.

DORANTE.

Moi ! depuis mon retour je n'ai parlé qu'à vous.

CLARICE.

Vous n'avez point parlé cette nuit à Lucrèce ?

DORANTE.

Vous n'avez point voulu me faire un tour d'adresse ?
Et je ne vous ai point reconnue à la voix ?

CLARICE.

Nous diroit-il bien vrai pour la première fois ?

DORANTE.

Pour me venger de vous j'eus assez de malice
Pour vous laisser jouir d'un si lourd artifice ;
Et, vous laissant passer pour ce que vous vouliez,
Je vous en donnai plus que vous ne m'en donniez.
Je vous embarrassai, n'en faites point la fine.
Choisissez un peu mieux vos dupes à la mine :
Vous pensiez me jouer, et moi je vous jouois,
Mais par de faux mépris que je désavouois ;
Car enfin je vous aime, et je hais de ma vie
Les jours que j'ai vécu sans vous avoir servie.

CLARICE.

Pourquoi, si vous m'aimez, feindre un hymen en l'air,
Quand un père pour vous est venu me parler ?
Quel fruit de cette fourbe osez-vous vous promettre ?

LUCRÈCE à Dorante.

Pourquoi, si vous l'aimiez, m'écrire cette lettre

DORANTE à Lucrèce.

J'aime de ce courroux les principes cachés :
Je ne vous déplais pas, puisque vous vous fâchez.
Mais j'ai moi-même enfin assez joué d'adresse ;
Il faut vous dire vrai, je n'aime que Lucrèce.

CLARICE à Lucrèce.

Est-il un plus grand fourbe? et peux-tu l'écouter?

DORANTE à Lucrèce.

Quand vous m'aurez ouï vous n'en pourrez douter :
Sous votre nom, Lucrèce, et par votre fenêtre
Clarice m'a fait pièce, et je l'ai su connoître ;
Comme en y consentant vous m'avez affligé,
Je vous ai mise en peine, et je m'en suis vengé.

LUCRÈCE.

Mais que disiez-vous hier dedans les Tuileries?

DORANTE.

Clarice fut l'objet de mes galanteries.

CLARICE à Lucrèce.

Veux-tu long-temps encore écouter ce moqueur?

DORANTE à Lucrèce.

Elle avoit mes discours ; mais vous aviez mon cœur,
Où vos yeux faisoient naître un feu que j'ai fait taire
Jusqu'à ce que ma flamme ait eu l'aveu d'un père.
Comme tout ce discours n'étoit que fiction,
Je cachois mon retour et ma condition.

CLARICE à Lucrèce.

Vois que fourbe sur fourbe à nos yeux il entasse,
Et ne fait que jouer des tours de passe-passe.

DORANTE à Lucrèce.

Vous seule êtes l'objet dont mon cœur est charmé.

LUCRÈCE à Dorante.

C'est ce que les effets m'ont fort mal confirmé.

DORANTE.

Si mon père à présent porte parole au vôtre,

Après son témoignage en voudrez-vous quelque autre?

LUCRÈCE.

Après son témoignage il faudra consulter
Si nous aurons encor quelque lieu d'en douter.

DORANTE à Lucrèce le premier vers.

Qu'à de telles clartés votre erreur se dissipe,
Et vous, belle Clarice, aimez toujours Alcippe;
Sans l'hymen de Poitiers il ne tenoit plus rien.
Je ne lui ferai pas ce mauvais entretien;
Mais entre vous et moi vous savez le mystère.
Le voici qui s'avance, et j'aperçois mon père.

SCÈNE VII.

GÉRONTE, DORANTE, ALCIPPE, CLARICE, LUCRÈCE, ISABELLE, SABINE, CLITON.

ALCIPPE sortant de chez Clarice et lui parlant.

Nos parens sont d'accord, et vous êtes à moi.

GÉRONTE sortant de chez Lucrèce et lui parlant.

Votre père à Dorante engage votre foi.

ALCIPPE à Clarice.

Un mot de votre main, l'affaire est terminée.

GÉRONTE à Lucrèce.

Un mot de votre bouche achève l'hyménée.

DORANTE à Lucrèce.

Ne soyez pas rebelle à seconder mes vœux.

ALCIPPE.

Etes-vous aujourd'hui muettes toutes deux?

CLARICE.

Mon père a sur mes vœux une entière puissance.

LUCRÈCE.

Le devoir d'une fille est dans l'obéissance.

GÉRONTE à Lucrèce.

Venez donc recevoir ce doux commandement.

ALCIPPE à Clarice.

Venez donc ajouter ce doux consentement.

(Alcippe rentre chez Clarice avec elle et Isabelle, et le reste rentre chez Lucrèce.)

SABINE à Dorante comme il rentre.

Si vous vous mariez, il ne pleuvra plus guères.

DORANTE.

Je changerai pour toi cette pluie en rivières.

SABINE.

Vous n'aurez pas loisir seulement d'y penser ;
Mon métier ne vaut rien quand on s'en peut passer.

CLITON seul.

Comme en sa propre fourbe un menteur s'embarrasse !
Peu sauroient comme lui s'en tirer avec grâce.
Vous autres qui doutiez s'il en pourroit sortir,
Par un si rare exemple apprenez à mentir.

FIN DU TOME SECOND.

à mesure qu'elle se forme, sans qu'il y ait une condensation sensible, et alors il ne se forme pas de brouillard; mais quand l'air est calme et déjà humide, la vapeur se condense presque en totalité : c'est ce qui arrive auprès des sources, en hiver.

Il peut encore se former des brouillards lorsque l'air, saturé d'humidité, est plus chaud que la surface de l'eau; alors il est refroidi par le contact de l'air froid, qui est au-dessus de l'eau; il ne peut plus contenir une aussi grande quantité de vapeur : une partie de celle-ci doit donc se condenser et former un brouillard. C'est ce

JOLIES ÉDITIONS DE BONS OUVRAGES
à SEPT SOUS le vol
Chefs-d'œuvre de Pierre et Thomas *Corneille*, 3 vol.—Œuvres de *Racine*, 4.—*Boileau*, 2.—*Molière*, 8.—Fables de *Lafontaine*, 2. — *Bossuet*, Hist univ., 2, Oraisons funèbres, 1.—Oraisons de *Fléchier*, *Bourdaloue*, etc., 2.—Petit Carême de *Massillon*, 1.—*Fénélon*, Télémaque, 2, Dialogue des morts, 1.—*Montesquieu*, Grandeur des Romains, 1, Lettres persannes, 2.—Cathéchisme historique de *Fleury*, 1.—Caractères de *Labruyère*, 3.—Provinciales de *Pascal*, 2.—Maximes de *Larochefoucauld*, 1.—Lettres choisies de *Mme de Sévigné*, 2.—Les Mondes de *Fontenelle*, 1.—*Vertot*, Révolutions romaines, 4, de Suède, 2, de Portugal, 1.—*Saint-Réal*, Conjuration de Venise, 1.—J.-B. *Rousseau*, 2.—*Regnard*, 2.—*L. Racine*, 1.—Essais de *Montaigne*, 8.—*Voltaire*, Henriade, 1, Théâtre, 4, Siècle de Louis XIV, 6, Charles XII, 2, Hist. de Russie, 2, Essai sur les Mœurs, 8, Poèmes, Epîtres, Contes, 2, Romans, 4.—*Rousseau*, Emile, 4.—*Le Sage*, Gil Blas, 5, Diable boiteux, 2, Œuvres choisies, 2.—*Crébillon*, 3,—*Marmontel*, Bélisaire, 1, Incas, 2.—Fables de *Florian*, 1.—*Bernardin-de Saint-Pierre*, Paul et Virginie, 1.—*Delille*, Géorgiques, 1.—*Chénier*, 1.—*Barthélemy*, Anacharsis, 5.—*Mme de Graffigny*, Lettres d'une Péruvienne, 1.—*Sterne*, Voyage sentimental, 1.—*Foe*, Robinson, 2.—*Swift*, Gulliver, 2.

www.ingramcontent.com/pod-product-compliance
Ingram Content Group UK Ltd.
Pitfield, Milton Keynes, MK11 3LW, UK
UKHW012218240726
13966UKWH00003B/842